福田昌子とその時代

戦後改革期 女性国会議員の10年

佐藤瑞枝

ドメス出版

はじめに

一九四七年四月二五日、日本国憲法が公布されて初の衆議院議員総選挙が行われた。女性の参政権が実現して戦後二回目の選挙であった。翌々日、二七日の『西日本新聞』に「九州唯一の女代議士、福田さん」の見出しが載った。福岡一区で社会党から立候補した福田昌子のことである。同新聞には、社会党の松本治一郎を中心に右に福田昌子、左に同じく福岡一区の田中松月の三人が握手をして、当選を喜ぶ写真が掲載されている。福田は、丸いメガネをかけ、髪はショートで黒っぽい洋服を着て少し微笑んでいる。

同新聞は、福田のことを「九州でたつた一人の女代議士第一区の福田昌子女史は本年三十六歳未だに独身だ、東京女子医専を卒業後八年間を九大医学部付属病院で研究に没頭し二十九歳のとき人体内部組織の研究で博士号をもらつた」と紹介した。続いて福田が、「今後は大衆の医学的啓発運動に専念し衛生施設の完備に努め真の婦人解放運動に挺身したいと思つています」というコメントを寄せている。

福田昌子という人物が初めて社会的に認知された記事と言ってよいだろう。福田のコメントにある「医学的啓発運動と真の婦人解放運動に挺身したい」という決意は、彼女が当時抱いていた政治的使命を簡潔に表している。

この選挙で社会党は、全国で一四三議席を獲得し、第一党に躍進した。この後、日本で初めての社会党内閣、片山哲内閣が誕生することになる。福田が立候補した福岡一区は定員五名。当選の顔ぶれは、社会党が田中松月と福田昌子の二名、諸派の中村寅太、民主党の中島茂喜、無所属の大神善吉。田中松月がトップ当選、福田は最下位の当選であった。ちなみに同区の立候補者は一六名で、福田以外はすべて男性であった。九州では、熊本で山下ツ子が立候補したが落選。福田は九州で唯一の女性国会議員となった。

時代は、一九四五年八月の敗戦から、戦後復興へとやっと立ち上がり、政治的にはGHQ／SCAP（連合国軍最高司令官総司令部、以下、GHQ）の占領下で日本の非軍事化、民主化が急ピッチで進められていた。

福田は、以後、一九五八年までの一〇年間、戦後の激動期を衆議院議員として政治活動に邁進《まいしん》することになる。そしてこの間、国会でも女性議員は少なかったが、福岡、さらに九州単位でみても、女性の国会議員は福田一人であった。性別だけで一人の国会議員の活動を取り上げる意義があるのかと問われれば、やはりそれだけでもあると思われる。それまで女性の参政権が剥奪され、政治の世界は男という性別が支配し、女性を排除してきたこと、議員となっても性別少数者としてさまざまな悪条件、悪環境のなかに置かれること、そうした女性議員共通の問題が存在することに加えて、福田は、女性の人権や地位、生活に関わる課題に優先的に取り組んできた。それらは、男性議員ではなかなか期待しえなかったことである。

戦後、数は少ないとはいえ女性議員が誕生し、国会で民主主義と男女平等を掲げ、活躍した女性たちがいた。しかし、その全体像はなかなか見えないでいる。その時代、時代で、女性に関わるさまざまな政治課題をめぐり女性議員が女性団体などと連携しながら、その実現に努力してきた足跡は確かにある。しかしながら、これは筆者の狭い知見に拠《よ》るのかもしれないが、女性議員の果たした歴史的役割への言及は、一部の個別課題を除くと乏しい気がする。議員個人でも市川房枝のほかは、研究の対象としても関心は薄いように思われる。女性議員といっても、政治家は、その思想信条が異なり、所属する党派もある。運動家ほど自己の理念や価値観だけで行動し、実績を残すわけではなく、むしろ現実との妥協、政治的かけひきを受け入れる場面も多いことは容易に推察される。そして、後には、活動、実績に対する歴史的評価が問われる。政治家への私たちのまなざしは厳しくあるのが当然だが、冷ややかであることは避けたいと思う。

女性参政権が実現してすでに七五年が経過する。日本の女性たちは、敗戦とGHQの占領を機に初めて参政権を手にしたが、それまでに女性たちによる長い参政権獲得運動があったことはここで繰り返すまでもない。さかのぼれば一八八〇年代、明治の自由民権運動期にも政治的権利を求める女性たちがいたし、大正デモクラシー期に結成された「新婦人協会」をはじめ、一九二四年には各団体を結集した「婦人参政権獲得期成同盟会」が発足し、参政権獲得運動を繰り広げた。社会の無理解と厳しい弾圧が渦巻くなかで、女性の集会参加の自由を認めさせる治安警察法第五条の改正などを勝ち取った。そして敗戦直後の八月二五日には、いち早く「戦後対策婦人委員会」が婦人参政権実現に向けて行動を開始している。こうした苦難の運動の積み重ねのうえに、やっと獲得した参政権であった。

参政権を持たないということは、その社会で決まったことだけに従うしかない、政治的には奴隷状態に置かれたに等しい。人間として対等に認めさせることの第一歩が参政権であった。福田は敗戦直後の状況を次のように受けとめていた。

敗戦直後、何もかもみじめであったわが国に於て、ただ一つ私どもに喜びと安堵を与えたものは、もうこれで戦争はないのだ、平和になるのだということであった。

更に、また、新憲法の誕生は私たちにこの上ない喜びと光をもたらした。

私たちは、ともかく敗戦という高い代価ではあったが、これにより基本的人権の尊重、言論の自由、男女同権、戦争放棄等を規定した人道的な当然の平和憲法を獲得できたことを心から喜んだものである（福田　一九五二）。

新憲法は、「極たんに奴隷的なものに追込まれてしまった」女の地位に、「しつ梏を打破って婦人解放への若芽をふいた」（福田　一九四八）のであり、この新憲法に先立って獲得した参政権は、輝かしい男女同権の象徴であった。

こうして、一九四六年四月一〇日に戦後初の衆議院議員総選挙が行われ、女性たちは初めて選挙権を行使した。三九名の女性議員が誕生した。以後、戦後の選挙では参政権を手にした女性たちの喜びや意気込みがあった。当選した女性議員たちにはなすべき使命感があった。しかし、その一方で政治と女性をめぐる状況は、停滞性も指摘され続けてきた。

いまだ政治権力の多数を男性が占め、「女性の政治参加の推進」が政治課題として浮上する。なぜ、そんなに日本の政治状況は閉塞《へいそく》的なのか。日本の社会が政治権力から女性を排除しようとする傾向が強いことは否めない。そうした状況にあって、女性たちが自ら政治に向かうパワー、意欲を獲得するにはどうすればよいのか。

女性の権利確立、ジェンダー平等に向けて、こつこつと築き上げられてきた女性国会議員の七五年の水脈をもう少しきちんと検証しておく必要があるのではないか。

本稿では、駆け足であるが、福田昌子という一人の女性国会議員の一〇年にわたる政治活動をたどることとする。福田が関わった、とくに女性の地位や解放に関する課題に分け入ると、戦後の新たな国の枠組みを決定し、女性たちの生活、意識、人生のありように大きな影響をおよぼすこととなった法律の制定に向けて、女性議員たちが、時代の制約を抱え、挫折しながらも、奮闘した姿が見えてくる。

福田昌子とその時代——戦後改革期　女性国会議員の10年＊もくじ

装幀　市川美野里

凡　例

＊文中、敬称は省略させていただいた。

＊年号は、原則として西暦を用いているが、戦前、および必要と思われる場合には元号を併記した。

＊文中の引用に当たっては、改行を省略させていただいた個所がある。また、旧漢字は新漢字に、平仮名は引用文献の通りとした。

＊文中、今日から見れば不適切な表現がみられるが、当時の社会的背景に鑑み、歴史的文脈からそのままとした。

＊引用、参考文献の著者、発行年等は巻末にまとめて記載した。

＊書籍、雑誌、新聞等のタイトルは『　』で示し、それらに掲載された論文、記事等の表題は「　」で示した。

序章

参政権を獲得して

福岡県第二号女性国会議員

そもそも産婦人科医であった福田昌子は、なぜ衆議院議員に立候補することになったのであろうか。

福岡県では、女性の参政権が実現した一九四六年の戦後第一回の衆議院議員総選挙で初の女性議員が誕生していた。森山ヨネである。森山は奈良女子高等師範学校を卒業し、福岡県立女子専門学校（現 福岡女子大学）で教鞭をとっていた人で、米国コロンビア大学に留学し、栄養学を学んだという経歴の持ち主であった。一八九一（明治二四）年久留米市生まれというから、戦後、衆議院議員になったのは五五歳の時である。日本進歩党からの立候補で、一一万五〇〇〇票余を獲得してのトップ当選であった。しかし、森山は国会議員一年の任期を終えると、翌年の選挙に立候補することはなかった。政治家は自分に向かない、もうこりごりといった当人の意思によるものであったという（柳本 一九九四）。

福田が立候補したのは、森山が辞退した一九四七年の戦後第二回目の選挙である。森山が当選した戦後第一回の衆議院議員総選挙では、全国の女性立候補者七九名のうち三九名が当選しており、戦後民主主義の新しい幕開けを告げるにふさわしい快挙であった。しかし、翌年の第二回選挙では、女性の当選者は一五名と激減した。これは第一回目の選挙が大選挙区連記制であったのに対し、二回目は中選挙区単記制に変わったことが大きな要因とされている。二名以上選ぶとすれば男女一人ずつ選べるが、一人となると男性優先というのが世間一般の意識であった。したがって組織的に強固な基盤がないと女性の当選は厳しいものとならざるを得なかった。

森山は政界を引退後、たびたび取材を受け、県下第一号女性国会議員として紹介されているが、一九九〇年に九九歳で死去している。一方、第二号女性国会議員であった福田は、一九七五年という早い時期に死去したこともあろうが、引退後、注目されることはなかったのか、あるいは本人が取材を断ったということも考えられるが、これまでのところ、議員時代の活動について取材された記事や、福田が議員時代のことを振り返って語った文章というものに出合えていない。

戦時下の産婦人科医

福田は戦後の一九四六年当時、東京都の衛生局に所属し、技官として働いていた。もともと産婦人科医で、当時としては、数少ない社会的地位を有する「職業婦人」であった。ここで彼女の経歴に簡単に触れておこう。

福田は福岡県築上郡吉富町の出身で、一九一二(明治四五)年七月、父、喜久司と母、千代の娘として生まれた。五人の姉兄妹弟がいるが、姉は体が弱く、早くに亡くなっている。父、喜久司は裁判所の判事の職にあり、転勤で九州内の任地を転々としていた。このため、昌子は一時期、父方の祖母の面倒をみるため、家族と離れ、吉富町の家で暮らしたこともあるという。勉学に熱心で、福岡県福岡高等女学校を卒業した後、東京女子医学専門学校に進んだ。妹、純子《すみこ》の自叙伝『純真への道』によれば、本人は油絵を描き、バイオリンを弾き興じる趣味があり、絵描きになりたがっていたが、母方の親族に医者が多く、その影響を受け、医者の道に進んだという。独立心と学業意欲に富んだ、まさに理系女子の走りであった。

東京女子医学専門学校は、吉岡弥生が一九〇〇（明治三三）年に設立したもので、現在は東京女子医科大学として、これまで多くの女性医師を輩出してきた。大学が女性に門戸を開いていない当時にあって、その存在が医学を志す女性たちにとって、いかに心強いものであったかは想像に難くない。創設当時は四名の入学者で始まり、八年目にやっと医師開業試験の合格者を出すという小さな医学校も、苦労を重ねた末、一九一二年には専門学校に昇格した。福田が入学し、学業に励んだ一九三〇年代は、八階建ての附属病院と寄宿舎をもつ女子医学専門学校として、全国から医師を目指す女学生が集まり、女性に職業と将来を提供する数少ない貴重な機関として、その地位を確かなものにしていた。

福田は、この東京女子医学専門学校で学び卒業した後、九州帝国大学医学部で研究生活を送った。ヒスタミンが妊産婦におよぼす影響を研究し、一九四〇（昭和一五）年、二八歳で博士号を取得している。医師としては、済生会福岡病院や大阪天王寺の病院に勤務しているが、大阪の病院は、東京女子医学専門学校の同窓会が一九四一年に設立した至誠会関西支部病院であった。同年には「人口政策確立要綱」が示されており、福田は、日中戦争が始まり、戦争の時代へと突入する国力増強の時期、「産めよ増やせよ」の国策のもとで、産婦人科医をしていたことになる。

戦況が悪化するに伴い、男性医師が軍医として次々と戦地に赴き、各行政部局に医師が不足するようになった。その「代替」として女性医師に声がかかる。東京女子医学専門学校の学長吉岡弥生は、卒業生に向けて、こうした部署に率先して赴くよう檄を飛ばしたと言われ、福田もそうした状況のなかで東京都衛生局の職に就いた一人と思われる。

吉岡は戦後、福田が代議士になったことに触れ、「福田様もだいぶ活躍され、一つの特技を持っておらるるので議会内でも用いられておるようで嬉しく感じます。ただ私が遺憾に感じておりますことは、社会党の左派であることですが、これもやむをえません。いずれにしても女医の進出は誠に女医界のため望ましいこと」と教え子に宛てた手紙に感想を綴っている。吉岡は、政治的立場は異なっても女医が各界に進出することに熱い期待を寄せていた（酒井 二〇〇五）。

立候補の要請

福田に衆議院議員立候補の話が舞い込んできたのは、東京都衛生局で技官として働いていた時であった。戦後の衛生局は、それこそ伝染病予防対策、食糧不足による栄養失調、病院や医薬品の不足、性病、結核といった国民病対策と課題は山積みであった。

そうした職場で仕事に追われていた福田に、衆議院議員の立候補を要請したのは、社会党福岡県連合会（以下、社会党県連）であった。同県連は、戦後第二回目となる衆議院議員総選挙の候補者探しをしていた。第一回目の選挙で送り出した杉本勝次が、一九四七年に行われる戦後初の自治体首長選で福岡県知事に立候補することになったため、その後継者が必要となったのである。

戦後、福岡でも急速に新しい政党が結成され、一九四五年の敗戦の年の秋には、無産運動や水平社運動に関わっていた人たちで社会党県連が結成され、活動を始めていた。そうしたメンバーの一人に三好弥六という福岡市長がいた。この人は、弁護士出身で戦後初めての公選で市長に当選した人である。敗戦後、市民の食糧確保に奔走《ほんそう》するとともに復興事業として市民運動場「平和台」を作るなど、人柄も明朗率直で市民に愛された市長と言われている。この人が、福田の父、喜八司と知り合いで、娘である福田昌子を思いつき、説得に赴いたようだ。そのことを裏付ける一つの証言が残されている。

福岡では松本治一郎を輩出していることから分かるように、戦前から水平社運動、部落解放運動が活発であった。こうした運動に関わった人たちの聞き書きが、研究団体などにより残されている。そのなかに宮本秀雄という、戦前戦後にわたって福岡で水平社運動や社会党県連の設立に関わった人物がいる。宮本は一九九〇年に行われた聞き取り調査のなかで、戦後初めての知事選や国会議員選挙について聞かれたくだりで、候補者選びについて次のように発言している。

――福岡県知事選挙や福岡市長選挙にも関わったのですか。

革新派の杉本勝次氏を県知事に当選させるために、多くの人が協力しました。代議士は田中松月が一人でしたから、もう一人出さないかんということになり、当時、福岡市長は三好弥六さんでしたが、三好さんと松本治一郎氏と私と三人でいる時に、三好さんが医学博士でもある福田昌子さんという女性を話題にしました。「これを出したらきっと勝つばい。松本さん、どうね」と提案したら、「それは、面白いね」と松本治一郎氏が賛成して、福田昌子を説得するための役を私が引き受けてね。福田昌子の兄貴が神奈川県の労働部長かなんかをしとりましたよ。まずは彼の家に行って説得したわけです。「僕はいいけれど昌子はどうやろうか」といいました。昌子さんは当時、厚生省の付属病院かなにかに勤めよったわけです。昌子さんが帰って来たら、「宮本さんが、こんなことで九州から来とる。三好先生の推薦で社会党から衆議院に立候補してもらいたいそうだ」とのことを伝え、私から九州から来たわけを詳しく話して説得したら、わりに簡単に承知してくれました。それで立候補することになり、当選することができました（川向　二〇一一『リベラシオン』No.一四三　精一杯生きてきた―宮本秀雄さんに訊く㈣）。

残念なことに立候補の経緯についての返答はこれで終わる。

宮本の記憶がまったく正しいとは言えないにしても、おそらく宮本が上京して、福田に直接会ったことは間違いないと見てよいだろう。しかし、面識のない宮本が、一人で説得の使命を負って出向くことは考えにくく、通常であれば、三好弥六に宮本秀雄が同行したというところだろうが、そこらあたりの事情は確認できていない。この訪問の時期についてであるが、知事選などの統一地方選挙の話が具体化していくのは、一九四七年に入ってからで、社会党県連で知事候補に杉本勝次の名前が出てくるのは二月。常任執行委員会で同氏を知事候補として決定するのは三月二日のことである（衣笠 一九八三）。このことから福田に要請があったのは、二月末以降、三月までの間で、公示日が三月三一日であったことを考えると、かなり差し迫った時期であったと推測される。

この聞き取りに出てくるように、福田には喜東《よしのぶ》という兄がいる。この兄も戦前は内務省社会局からジュネーブの国際労働機関に派遣されたり、神奈川県の労働部長の職にあるなど、行政経験がはなばなしく、どちらかといえば候補者として適任といえる。ついでに述べれば、この兄も姉が国会議員に当選した後、一九四九年の次の衆議院議員総選挙に大分の選挙区から自由党で立候補し、当選している。しかし、この時、三好市長が選んだのは福田昌子であった。それは、おそらく父親との縁で、高等教育を受け、かなり優秀な女性であることを聞きおよんでいたし、当時、医師という社会的地位を有する、女性としては破格の職業婦人であり、政治家として立候補させる可能性を感じ取ったのではなかろうか。また、前年の戦後第一回の総選挙で三九名の女性議員が当選したという実績と男女平等を標榜《ひょうぼう》する社会党という性格から昌子に白羽の矢を立てたと思われる。

問題は福田であった。彼女にしてみれば、研究生活から医師、そして戦争末期に東京都の衛生技官という職歴で、政治活動とはおよそ無縁だったと言える。説得に当たった宮本は、わりと簡単に承知したように記憶しているが、結果としてそう見えても、いきなり立候補を要請されて「はいそうですか」とはいかなかったであろう。こと国会議員への立候補という人生を変える決断であれば、その決意を固めるまで、逡巡《しゅんじゅん》を重ねたであろうことは想像に難くない。しかし、同時に宮本の回想を前提にすると、何度も人を変え、日時を変えて説得に当たらなければならないほどの「抵抗」もなかったようにうかがえる。

この時、福田は三四歳であった。振り返れば、二五歳になっても女性であるがゆえに選挙権もなく、医師として男性と同等の働きをしていても政治的にはずっと無権利であった。このことは、福田にとって口惜しいことであったと思われる。先に述べたように敗戦とその後の民主改革、新憲法の施行は、福田にとって「この上ない喜びと光をもたら」すものだったのであり、立候補を決意する時、「極たんに奴隷的なものに追込まれて」いた「女の地位」への怒りを跳ね返す気持ちと、戦争から解放され、民主主義という時代の幕開けに、新しいことへのチャレンジ精神が働いたと考えてもおかしくはない。しかも、産婦人科医の間では多くの政治的課題を抱えていた。

こうして社会党県連の女性候補者選びは成功する。女性候補者として考えるならば、戦前からの水平社運動や労働運動のなかにも女性の活動家がおり、そうした女性が候補者として検討されてもおかしくはない。ただ、福岡一区からすでに決定されていた衆議院議員候補者、田中松月も部落解放運動の活動家、参議院議員の松本治一郎然り。候補者を解放運動系の活動家で占めることも戦略上好ましいことではなかったと推測される。社会党の支持層を拡大しようとしていた松本治一郎らの構想もあり、女性医師という希少価値と、宮本がいみじくも言葉に残しているように「勝つばい」と予感させる、異色の要素を持った候補者として福田は浮上したのであろう。

松本治一郎との出会い

先の宮本秀雄の聞き取り調査には、さらに次のような話が残されている。

この時に（福田が立候補した時のこと　著者注）田中松月は松本治一郎に感情を悪くしたわけです。治一郎氏が福田びいきでね、福田に資金は出すし、事務所も一緒にやるという感じでね、よけい応援するということでね。

――福田さんという方は、いろいろと活躍されたのですか。

活躍しよったです。わりと真面目な人でしたね。素直な女性で。思想的にはマルクスやレーニンなどを勉強しているわけではないけれど、常識的な社会派だったですね。二期か三期ほどつとめたと思いますよ（川向　前掲書）。

当時、社会党県連の中心に松本治一郎がいた。この松本と福田がどの時点で接触したのか定かではないが、この松本を始めとした社会党県連の立役者の人たちが全面的に支援することで、福田の選挙運動はスタートする。

社会党県連は一九四五年一一月に結成大会を開いているが、県下の無産党派も一枚岩であったわけではなく、当時の勢力分野を『日本社会党福岡県本部の三五年』では、四つに分類している。一つは、松本治一郎を中心とする全国水平社運動と、それに連なる農民運動を担った活動家たち、二つ目は、農民運動関係で右派系および中間派、三つ目は、労働運動関係で北九州を中心とした右派系であった。四つ目は、「インテリ層」で、これは松本治一郎が積極的に働きかけたもので、西南学院大学の教授であった杉本勝次や九州大学教授の波多野鼎《かなえ》などがいた。福田の立候補もこの延長線上とみてかまわないだろう。この四派のなかにあって当時、勢力の中心となっていたのは、「松本治一郎に連なる全国水平社、農民運動活動家」であり、「労働運動の活動家は微力であった」という（衣笠 一九八三）。

松本治一郎は、一九四五年の日本社会党結成大会で役員に選出されている。日本社会党の結成で三長老と呼ばれた安部磯雄、高野岩三郎、賀川豊彦などからも認められた存在であり、県下無産各派への影響力は大きかった。戦前は全国水平社の議長も務めた部落解放運動の主導者として、戦後は、参議院副議長として、天皇への挨拶方法をめぐるカニの横這い拒否事件で、その反骨精神を示し、人望を集めた。身分差別で、虐げられた厳しい生活を送り、権力の弾圧と闘いながら、解放運動に身を捧げていた松本治一郎と、戦前の封建的な女性差別の社会にあっても、ある程度の資産家の家に生まれ、裁判官の父を持ち、医師を目指すというインテリ家族に育った福田とは境遇が違い、価値観も異なって当然のように見える。しかし、福田は一貫して、松本治一郎に信頼を寄せていた。

この松本治一郎だが、戦後直後の女性議員のエピソードにときどき登場する。たとえば、同じ社会党の藤原道子は、衆議院議員になりたての頃、貧乏議員で名を馳せていたというが（当時の姓は山崎）、その彼女が粗末なズックを履いて国会をウロウロしていたら、松本治一郎が、見かねて革靴をプレゼントしてくれたとか（藤原　一九七二）、戦後初の選挙で当選した松谷天光光の回想録には、「餓死防衛同盟」で首相に直談判したいと騒いでいたら、その手ほどきしてくれたとか（園田　二〇〇八）、そうした話がたびたび聞かれる。松本治一郎は、姉が二人いたことや貧しい少女たちの悲惨な境遇を見てきた経験から、女性や弱き者には手を差し伸べたと言われている。当人は妻帯せずがモットーで、生涯独身を通しているが、女性には、社会的弱者として支援、協力を惜しまなかった。医師から社会党の議員に立候補した福田の面倒を実によくみたようだ。福田にとっても、政治家として活動していくうえで、松本治一郎は、言わば後ろ盾ともいうべき存在となった。後日、社会党が左派と右派に分かれた時も同じ左派に属するなど、彼女は議員となって以降、党内では松本治一郎らと行動を共にすることになる。

ところで福田は、なぜ「社会党」から立候補したのであろうか。残念ながら、それに関する彼女の発言も資料も見当たらず推察するしかない。戦前の学究時代を含め、宮本秀雄が評したように、福田が社会主義に傾倒したことがあるとは考えにくく、どちらかと言えば「常識的な社会派」と解するのが妥当と思われる。

福田が「社会党」を受け入れた理由として、まず考えられるのは、「三好さんからの推薦」である。直接知己であったかどうかは分からないが、父親を通じて信頼できる人という認識を持っていたことは確かだろう。それは大きな要因と思われる。しかし、同時に、少なくとも社会主義、労働運動、部落解放運動の三点に拒否的な考えや「アレルギー」を持っていたのでは、当時の社会党県連と行動を共にするのは困難である。福田は、声をかけられれば、どの政党でもよいというほど、国会議員になることを希望していたわけでもなければ、政治的に無知無節操であったわけでもなかろう。彼女は、国会に出てから、福岡の社会党＝松本治一郎一派と見られており、部落解放運動の活動家たちは、福田の選挙活動をサポートし、党内で存在を支えていたようである。

当時でも、社会では被差別部落に対する偏見、差別は根強く、人間関係で距離を置く人も少なくなかった。ちなみに同じ社会党県連の青年部で活動していた楢崎弥之助は、戦前の一九四一年頃のことであるが、博多の旧家の息子でもあったことから、松本治一郎の姪、安代との交際を親族から猛反対され、駆け落ち、義絶を経験している。戦後、民主主義や基本的人権が声高に唱えられたとはいえ、庶民に浸み込んだ差別意識は、その後も長く深刻な問題であり続けたことは言うまでもない。

福田は後年、「私は十四、五の少女時代から、世の中の不合理を感じ取っていた。貧富を生む階級制度、権力の横暴と権力への卑屈さ、男女の差別など。それいらい私はつねに社会の仕組に大きな憤りを持ちつづけてきた」と語っている（『西日本新聞』一九五八・五・一〇）。

良妻賢母の教育を強いられ、選択できる学校も、学べる教科も限定され、さらに社会に出れば職業も限られ、賃金も安く、選挙権もなく、政治活動も制限される。つねに男性の下位に位置づけられる。産婦人科の医師をしている時に、散々見てきた女性の不幸と貧困。戦前の封建制下で育ち、生活してきた福田は、そうした不合理に大きな義憤を抱き、体制に対する批判的な意識を胸に抱えていたのであろう。加えて戦争の経験から平和への希求もあった。こうした思いが社会党の掲げる理念と一致し、社会党からの立候補を決意させたのではなかろうか。

初めての選挙運動

一九四七年四月は選挙の月であった。五月三日の新憲法「日本国憲法」の施行を前に、政治体制を整える必要があった。四月五日の全国都道府県知事、市町村長などの自治体首長選挙を皮切りに、二〇日に参議院議員選挙が、二五日には衆議院議員総選挙、そして三〇日には全国自治体の議会議員選挙と、すべての選挙が行われた。前年の四月に、すでに女性の参政権が実現した初めての選挙法のもとで衆議院議員総選挙が行われている。しかし、この年の選挙は、戦争放棄、民主主義、基本的人権を謳った日本国憲法が公布されて以後、初めて実施される選挙であった。しかも、身近な自治体の首長や議員の選挙という史上初の統一地方選挙もあり、戦後の荒廃と窮乏が続くなかで、「新生日本」に期待を寄せる庶民の気持ちは、ひとしお大きいものがあった。

「福田昌子」の名前が立候補者として『西日本新聞』に初めて登場するのは四月六日のことである。肩書きは「官吏」。以下、『西日本新聞』紙上の記事を追いながら、福田の初選挙の様子を記していきたい。

立候補者の資格審査届出の締切日は三月二五日であったが、新聞報道では、立候補予定者として「婦人議員三名」とある。参考までに記しておくと、福岡一区で前衆議院議員の森山ヨネと高田（判読困難、もしくは「高山」）ヨシノ（自由、裁縫師、四三歳）、二区で門司の石上フジエ（共産、無職、二八歳）である。ただ、残念ながら三人とも最終的に立候補者としての届け出はなく、県下の女性立候補者は、新人の福田昌子一人となった。福岡一区は定員五名に一六名の立候補、社会党からは福田と田中松月であった。四月一六日付けの新聞で掲載された候補者横顔では「東京都技官、医学博士、東京女子医専卒、三六歳、住所は福岡市東福町 深沢方」と紹介されている。続いて二三日には、衆議院立候補者の「日本再建へ私の公約」が掲載されている。判読が不明な個所もあるが、福田の初めての公約でもあり紹介しておこう（不明文字は□で表記）。

「（一）乳幼児の牛乳、乳製品の出まわりを緊急改善する（二）公衆衛生施設を徹底的に完備し、またすでに□□化された医療制度を改善する（三）男女平等とは名ばかりの日本に男性本位の慣習、法則を打破し経済的に独立の途を□くことにより女性の□落を防ぐ（四）戦争未亡人、離婚者、困窮者に授産所、託児所などの援護施設を徹底させる」

他の男性候補者が平和国家建設やインフレ抑制、食糧問題の解決といった比較的抽象的なスローガンを掲げているのに比べれば、福田のそれは具体的、現実的である。彼女は自分の知識や経験、社会的に置かれた立場から、自らの使命を当初からかなり明確に自覚していた。医療を中心とした厚生行政、男女平等、そして女性困窮者への援護などの社会保障に尽力するという、この初選挙で示された政治家としての方向性は、最後まで変わらなかった。

ちなみに選挙では、現在、各戸に立候補者の経歴や公約を記した選挙公報が配布されている。県の選挙管理委員会には、戦後の選挙に関する資料が残されているが、選挙公報は一九五二年の衆議院選挙からは現存していたものの、それ以前の一九四七年、一九四九年に行われた選挙公報は見当たらなかった。一九五二年の公約は手書きであり、活字となったのは翌一九五三年の選挙からである。『戦後35年福岡県の衆議院議員選挙』には、一九四七年の選挙について、各候補二〇〇字以内の経歴公報が各世帯に配布されたとある。戦後復興期、紙不足も深刻な状況にあり、県の選挙管理事務体制も十分なものではなかったのだろう。庶民が候補者の公約を知る方法は、立会演説会や選挙カーでの訴えと限られていた。

この初めての選挙戦の様子を知る手がかりは乏しい。『西日本新聞』紙上にも、後年掲載されるような、選挙事務所訪問や各候補に密着した記事は少ない。当選後の四月二七日付『朝日新聞』には、「二千円持って選挙へ、九州の紅一点、独身女医さん」の見出しで紹介がなされており、それによれば立候補の届け出をしたのが四月五日、選挙運動のために帰福したのが選挙一〇日前の一六日で、帰りを待っていた福岡高女の同窓生に選挙資金二千円を差しだし、世間知らずぶりにクラスメートから呆れられたとある。また、『夕刊フクニチ』新聞に「栄冠に涙あり」の見出しで、選挙活動での次のようなエピソードが紹介されている。

西日本関係でたゞ一人、婦人代議士の栄をかち得た福田昌子医博の栄冠のかげには女性解放の旗じるしの下に集まつた女性たちの涙ぐましい努力と友情があつた。連日の奮闘中廿二日運動員三名は朝倉郡遊説中トラック事故で負傷、福岡市大学通水野外科に入院、病床にありながら〝マイクをすえてちょうだい此処から演説をするから〟と医者をてこずらしたほどの熱意ぶりだつた。当選の報を手にした福田代議士は直ちに病院にかけつけたが福田代議士と彼女たちの間には声もなく言葉もなく感激の涙があるのみだつた（『夕刊フクニチ』一九四七・四・二七）。

記事と同時に掲載された写真には、布団に横たわる二人の負傷した運動員とそれを囲む福田を含めた女性たち数名が写っている。

福岡市は一九四五年六月一九日の福岡大空襲で市の中心部を爆撃され、街には焼け野原が広がっていた。また、朝倉郡も大刀洗《たちあらい》飛行場があったことから米軍機B29などの爆撃を受け、被災している。当時はまだこうした戦争の焼け跡が残っており、道路ももちろん舗装されておらず、でこぼこ道であった。中選挙区制での福岡一区は、東は宗像郡から西は糸島郡、南部では太宰府から甘木、朝倉と広範な地域にわたっていた。こうした地域を軽トラックでまわるのだが、パンクは日常茶飯事であったという。食料を始めとした物資は不足し、庶民は糊口《ここう》を凌ぐのが精一杯という窮乏生活を送っていた。しかし、戦後二回目の女性の選挙権行使、社会党から初の女性立候補という新しい社会のうねりに、社会党支持団体傘下で一区を選挙区とする女性たちは、「女性解放の旗じるしの

前列左から4番目福田昌子、前列右から3番目松本治一郎、2番目田中松月「1947年4月25日　第2回総選挙をたたかった同志たち」『日本社会党福岡県本部の三五年』（写真　社民党福岡県連合）

下」、福田の選挙運動に大勢が駆けつけ、応援したのであろう。

　ついでに『夕刊フクニチ』が「新代議士列傳②第一区の巻」に掲載した福田の横顔は次のようなものであった。この当時の福田を知る資料が少ないこともあり、紹介しておきたい。福田の顔のイラストも添えられている。

　単記制で三人に一人という激戦を女の身で見事克服、当選した福田昌子さんは医学博士、厚生省地方技官といういかめしい肩書の持主だが、パーマネントのカールも若若しく眼鏡の奥に光るやさしい眼も三十七歳とは思われない。

福田さん一家は評判の秀才ぞろいである。五人の兄弟と両親の深い理解ある平和な家庭に育つた福田さんはすくすくとのび福岡高女、東京女医専、九大婦人科教室、薬理教室と一直線上を順調に進み、二十九歳のとき「組織ホルモン」の論文で学位をとつたのだが、医専在学の五箇年間に夜の時間を利用して洋裁、フランス語、ピアノ、ヴァイオリンを学んだという勉強家だ。現在でも身のまわりのものは自分で仕立てるし、好きで描く油絵も素人の域を脱しているという……（『夕刊フクニチ』一九四七・四・二八）。

家族で福田の選挙を支えたのは、妹の純子である。父、喜久司は終戦翌年の一九四六年七月に死去している。母親と福岡には妹の純子、房子がいたようである。房子は病身であり、母親は高齢であるため、選挙事務所に詰め、雑用を引き受けていた唯一の身内は、純子であった。

国会という職場

一九四七年四月、街頭演説など慣れない選挙活動をやっと終え、晴れて衆議院議員となった福田は、初めて国会議事堂に足を踏み入れた。白亜の殿堂と呼ばれる議事堂、そして広い議場を見渡したときの福田は、胸中にどんな思いを抱いたであろうか。

疾風怒濤《しっぷうどとう》の日々を乗り越えて降り立った地点は、三、四カ月前には想像もしていなかった政治の世界であった。人生が大きく変わったことを実感したであろう。国会という、つい二年前までは男性が牛耳り、女性は排除されていた場所である。政治経験のほとんどない彼女は、大きな壁が立ちはだかるような不安を抱きつつ、身を引き締めて国会議事堂を見上げたのではないか。そして、そこが、その後一〇年間の職場となった。当時、議員宿舎は整備されておらず、医系の議員は当面、医師会館の一角を住居とすることになったという。この医師会館のメンバーが後日、優生保護法成立に動くことになる。

こうして福田の政治活動がスタートするが、その活動については、本人が書き記して公にされたものがなく、また、当時の福田の政治的言動を知る人のほとんどが鬼籍《きせき》に入られていることから、主に国会議事録からその政治活動の足跡をたどっていくことにしたい。

福田は、政治的な活動とは無縁の生活をしていたといっても、次々に自分がやりたいこと、やらなくてはいけない政治課題を見つけていく。

まずは、国会での活動を概観してみよう。

福田は、一九四七年から一九五〇年頃までが厚生委員会、それ以降は外務委員会と予算委員会を中心に活動をしている。もちろん、その委員会だけではなく、あいまに社会労働委員会や引揚者等に関する特別調査会や法務委員会などにも出席している。

産婦人科の医師であり、医学知識を有し、医療現場や衛生局での仕事など、厚生行政に関わる専門知識や経験をかなり持ち合わせていたことから、一〇年間を通して厚生行政には強い関心を寄せ続けた。福田自身はこのため厚生委員会の委員を希望していた。しかし、党内事情では、当人の希望だけで委員会を選べるわけではなかったらしく、厚生委員会の次には、外務委員会を担当している。外務委員会担当となったときは、〝ヤブ医者でも厚生のことなら、いくらか知つている私を〟と思わず愚痴を漏らしていたようだ（『読売新聞』一九四九・一一・五）。

当時の委員会の割りふりが、どのように決められていたのかは定かではないが、同じ社会党で「女野次将軍」と異名を馳せた大石ヨシエは、後日、記した随筆で、国会での委員会について「重要な委員は、まず男の代議士が取ってしまう。カスを女の代議士に持って来る」と憤っている（大石　一九五六）。大石は議員になって長いこと「地方行政委員会」に所属していた。また神近市子も売春等処罰法案で法務委員会の担当になる以前は、「図書館運営委員会」や「内閣委員会」に所属している。どの委員会も重要であるとはいえ、社会の注目を集める表舞台の委員会とそうでないものはあるだろう。大石は、委員会の割り当て、発言の回数などについても「男女同権というても、それは絵に描いた餅」と述べている。それを考えると、福田が担当した委員会は当時としては、「恵まれていた」と言えるかもしれない。外務、予算委員会での福田の発言が新聞紙上でも何度か取り上げられている。しかし、議員となった以上、あらゆる政治問題と向き合う必要はあり、このため、委員会の議題に関する調査と発言事項の作成に深夜まで取り組むことになる。

当時は、ＧＨＱの占領下にあり、間接統治とはいえ、その指示のもと、戦後日本の基本的方向を決定する多くの法案が矢継ぎ早に作成され、審議されていた。福田が議員であった頃の時代背景も浮かび上がってくるため、出席していた委員会の課題を概観してみよう。

まず、厚生委員会だが、戦後の医療制度を主導したのはＧＨＱのＰＨＷ（公衆衛生福祉局）で、その代表はサムス大佐であった。福田の委員会での発言にもこのサムスがときどき登場する。戦後直後の委員会では、配給など食料問題や住宅不足、伝染病予防、性病予防に始まり、厚生省の改編や保健所の整備といった機構改革、国民健康保険法、児童福祉法など、社会保障や福祉に関わる制度、医師法、保健婦助産婦看護婦法など、医療従事者の養成、身分、待遇に関わる制度 そして薬事法など、戦後の厚生行政の基本的枠組みを決定する法案が、次々に審議され決定されていた。

福田の発言も戦災孤児や戦争遺家族への手当てや乳児へのミルクの優先的配給に始まり、児童福祉法、優生保護法、性病予防法、生活保護法など多岐にわたった。一九五〇年代になると、医薬分業の論議が活発化し、一九五四年には新医療費体系により診療報酬費の大幅な見直しの議論が行われている。

外務委員会はというと、戦後処理に伴うものとしては、戦地からの引き揚げ促進、沖縄・小笠原諸島返還問題、占領軍に関連しては基地や接収地、「混血児」の問題、そして対日講和条約や東南アジア諸国への戦争被害賠償問題や中国およびソ連との国交回復の問題があった。また、一九五四年にはアメリカのビキニ環礁での核実験による第五福竜丸被曝事件が発生し、大きな国際問題となっている。日米間では日米相互防衛援助協定（ＭＳＡ協定）や日米農産物協定が問題となった。福田は一九五三年に沖縄を訪問しており、その沖縄住民の生活問題や米軍用地返還問題に重大な関心を示していた。また、ビキニ被曝での補償問題は社会党の重要課題として、福田は何度も政府追及の発言に立つこととなった。

予算委員会では、外交、厚生など多岐にわたる課題で長時間の質疑を繰り返している。

初めての国会質問で委員長から「声が小さい」と注意され（衆議院 一九四七・七・一〇）、マスコミからは「医博の変り者で政治性なし」（『読売新聞』一九四九・一一・五）と揶揄《やゆ》された福田も、またたくまに政府や男性議員と堂々、渡りあうようになる。

本稿では、こうした国会活動のなかから、福田がもっとも関心を持ち、自らの課題として熱心に取り組んだ優生保護法、性病予防法、売春等処罰法案、および看護制度改革、母子福祉に関わる問題について、福田がどのように関与したかを概観する。

なお、法案の成立経過や内容などに関しては、いずれも優れた研究書が多数あるため、ここでは福田の関わりを中心に記述することとしたい。

（写真　朝日新聞社）

第一章　優生保護法

中絶の合法化と優生思想

第一回国会・第一次社会党法案

福田昌子の政治活動について、これまで実績として紹介されたのは、優生保護法であろう。確かに優生保護法は、福田の政治活動の第一歩であり、社会的にも大きな意味を持つ法律であった。

この法律は一般的に、敗戦による復員、大陸からの引き揚げ、出産増に伴う人口対策が焦眉の課題となり、その解決策の一つとして産児制限が唱えられ、人工妊娠中絶（以下、中絶）が条件つきではあれ、合法化されたものとして理解されている。堕胎罪《だたいざい》は残されたものの、これによってヤミ中絶から医師による中絶手術が可能となり、人口対策を目的とする国家的施策であったとはいえ、とくに女性にとっては、妊娠・出産にまつわる選択の道が開かれ、命と健康、生活、生き方に関わる法律となった。

福田は、国会に足を踏み入れて早々、太田典礼と加藤シヅエのもとに向かっている。優生保護法案は、社会党内でこの二人によって法案の提出が計画されていた（以下、第一次法案）。

太田は、福田が松本治一郎の秘書と共にやってきて、法案の提出に加わりたいと申し出てきたと記憶している（太田 一九八〇）。第一回国会は一九四七年五月に召集されており、法案は八月頃には作成され、衆議院に提出されていることから、福田は、従前からこの法案に関心を抱いていたことがうかがえる。ただ、議員一年生で、政治活動の実績もないことから、同じ社会党とはいえ、やはり、「著名な」二人のもとに向かうのに、一人では心細く、松本治一郎の秘書と行動を共にしたのかもしれない。この第一次法案については、審議がほとんどなされなかったこともあり、福田の国会発言もなく、法案に対する考えや関与が、どの程度であったのか正確なところは不明である。太田と加藤については、この法案に対する発言が残されているため、まずはそれらを概観しておきたい。

加藤シヅエは戦前から日本のサンガー夫人と呼ばれた人である。二四歳の時に留学したアメリカで、マーガレット・サンガーの「自分の性生活をコントロールする方法を知らなくては、女性は自分自身を解放することはできません」という、「バースコントロール」の考えに共鳴する。帰国後は産児制限運動を日本で広めるため、各地で講演を行うほか、東京で「産児制限相談所」を開設。相談者のカルテを作るとともに、ペッサリーやゼリーといった避妊器具や薬を製造、提供している（加藤 一九八二）。戦後は、一九四六年の第二二回衆議院議員総選挙に立候補し、夫の加藤勘十と共に当選。国会議員としての活動を開始する。また、『産児制限と婦人』という本を出版し、産児制限とは「避妊することによって産児の数に調節を加える」ことであり、この決定権は個人にある自主的なものだと、その民主性を強調していた（加藤 一九四六）。加藤は戦後の混乱期、女性が出産、子育てを行うにはあまりに劣悪な環境のなかで、ヤミ堕胎が横行し、健康を損ねている現状を見かね、太田と共に法案の作成にとりかかるのである。加藤は産婦人科医であったわけではなく、「中絶より避妊に関心」があった。産児制限と堕胎は区別して考えるべきと述べており、政府に対しても、文化国家づくりには、母体の保護と乳幼児の死亡率を下げる必要があり、予防医学の見地から産児制限の知識を普及させる研究や国家的指導機関が必要と主張していた（衆議院 一九四七・一一・一〇）。

太田典礼は産婦人科医で、戦前は貧民救済の医療活動を行ったり、無産政党関係の政治運動に関わっていた。戦後初の衆議院議員総選挙に立候補し落選したが、福田と同じく一九四七年の同選挙で京都から社会党で立候補し当選。太田もサンガーの影響を受けた産児制限論者であった。太田の法案作成の最大の目的は、ヤミ堕胎をなくし、「医師による避妊、人工妊娠中絶を合法化」し、「堕胎罪は事実上骨ぬきに」することにあった（太田 一九六七）。それは太田が医師として直面していた現実からどうしても必要な法律であった。太田は戦後の生活難で、ヤミ堕胎で子宮穿孔《せんこう》や細菌感染で死亡する妊婦が増えていることに危機感を感じ、受胎調節のため戦前から開発していた避妊リングの公認と普及に努める一方、堕胎罪で禁止されていた中絶を公然と行っており、警察による摘《てき》発《はっ》も覚悟しなければならない状況にあった。

この二人を中心とした法案作成に、福田は共同提案者として加わることになる。

太田は、この「優生保護法案」作成にあたって、まず「法律の立場を変え」、母体保護を第一とすると考えながらも、あくまでも「優生学的要素を十分に取り入れる」ことを前提条件とした。その延長線上に中絶の合法化は位置していた。当時、医師の間では、「優生思想」は主流であり、優生学的な見地での優生手術や人工妊娠中絶と母体保護のためのそれとの間に明確な線引きはなかった。その点を指摘したのは、GHQであった。GHQは人口対策の必要性を主張していたが、太田はGHQの担当者から「この法案は二ツのもののだき合せではないか、いっそ別々の法案にして出してはどうか」と言われたと述べている。太田は確かにそのとおりであるが、「避妊、中絶の適応症は、医学的、社会的、優生学的に深い関連をもっており、優秀な国民をつくるためには、すぐれた遺伝とよい環境、健康な母体を必要とする」のであり、「結局二ツの理由から一ツの目的に向っているので、切り離せないことを縷々《るる》説明して、やっと理解を得、OKをもらった」という（太田 一九六七）。

法案は、一〇月六日に優生保護法案（福田昌子ほか二名提出）第一一号として衆議院厚生委員会に付託された。そして一二月一日にやっと厚生委員会で加藤が提案理由の説明を行い、三日に審議に入るが、法案に対する質疑がなく、次回延期となり、審議未了のまま国会は閉会となった。

この法案の骨子は次のようなものであった。

まず目的として「母体の生命健康を保護し、且つ、不良な子孫の出生を防ぎ、以て文化国家建設に寄与する」ことが掲げられた。そして任意および強制による断種、一時的避妊、妊娠中絶の各規定が設けられた。

提出者たちの目的の第一は、戦後の窮乏生活のなかでヤミ堕胎が増え、母体の生命や健康が損なわれるケースが多かったこと、多産により子どもの養育環境も劣悪化していたことなどから、医師による中絶を合法化し、中絶や優生手術の適用範囲を拡大することで、望まない妊娠・出産から

加藤シヅエ 1897年生
1946-48年　衆議院議員
1950-74年　参議院議員

女性を解放することにあった。しかし、法案はこれだけで成立するものではなかった。加えて「不良な子孫の出生を防止する」という優生政策の一環として位置づけられねばならなかった。この「不良な子孫」を出生する可能性を有する対象範囲は、戦前の国民優生法が「悪質なる遺伝的疾患」を持つ者に限定していたのに対し、優生保護法案では、「悪質な病的性格、酒精中毒、根治し難い黴毒《ばいどく》を持つ」もの、「常習性犯罪者、病弱者、多産者、貧困者、癩《らい》疾病」といった遺伝性疾患以外の者にまで拡大するものであった。

この法案は、ほぼ太田が意図した法案であったと言ってよいだろう。太田は、病弱、多産、貧困も子孫の劣悪化をもたらす要因とみなし、断種の対象として、不良な子孫の防止を図ろうとした。同時にそうした理由を含め、中絶の適応範囲を広げ、それを医師による処方として合法化した。母体保護のための中絶は、優生思想を拡大解釈することで、納得を得られるのであり、国会で法律として成立させることが可能であると考えられた。それは法案を通過させるための戦略でもあったろうが、同時に太田の考えの基本をなすものであった。彼は優生学論者の一人であり、終生優生思想を否定することはなかった。

加藤にとって法案は、受胎調節の指導といった産児制限の主張は盛り込めなくても、多産と貧困の悪循環を断ち切り、ヤミ堕胎から女性を救う策として「中絶の合法化」は必要なものと考えた。優生的な条文についても「少なく産んで丈夫で良い子を育てるという」彼女の主張には、「不良な子孫の防止」も含まれており、当時、優生学的な言説は否定することなく受け入れていたと思われる。加藤のライフワーク、念願が叶うのは、優生保護法の第二次改正が行われ、「受胎調節の普及」「指導員の設置」が盛り込まれる一九五二年以降のことになる。

第一次社会党法案が廃案になった後、第二回国会に向けて、太田も加藤も再提出の準備を進めていた。しかし、この法案は、二人の手からしだいに離れていく。

さて、福田はこの二人の間でどういう立場にあったかといえば、それはおそらく太田に近かったといえる。加藤にとっては距離のある「中絶」や「断種」は、産婦人科医である福田には、身近で避けられない医師の義務や使命の範囲にあった。

福田も第二回国会に向けて、再度、優生保護法案提出に動くことになる。

第一次法案で最後に付け加えておきたいのは、この法案には「強姦による妊娠」に対して、中絶を可とする条項が盛り込まれたことである。作成者の太田は、「更に強姦による規定を加えたことは画期的であった」と評価している（太田 一九六七）。その条文は、第六章妊娠中絶第二十条の第二項で「強姦その他不当な原因に基いて自己の自由な意志に反して受胎した場合であつて、生れ出る子が必然的に不幸な環境に置かれ、そのために劣悪化するおそれあると考へられるとき」というものであった。この「経済的社会的条件を加味した」条文の持つ意味については、また後述したい。

注

（1）産児制限という用語は、産児調節と使われる場合があり、後者のほうが目的を正確に表現していると思われるが、戦前から産児制限と表記されるケースが多いことから、ここでは、統一して産児制限を用いた。

（2）戦後、「優生保護法案」は、第一回国会と第二回国会に提出されている。よって、第一回国会に提出された優生保護法案を第一次法案、第二回国会に提出されたものを第二次法案と便宜的に称した。

第二回国会・第二次超党派法案の成立

第一次法案が廃案になった翌年の一九四八年に召集された第二回国会では、優生保護法案が超党派の議員立法で提出された（以下、第二次法案）。

法案の作成作業は、第一次法案で中心となった社会党の太田、加藤の手から離れ、保守系の医系議員らの手に移っていった。その橋渡し役をしたのは福田と見られる。

太田は第二回国会への法案提出の経過について、「（第一次法案が）時間切れで審議未了となった。もちろん、つぎの国会に再提出の用意をしていたところ、福田の仲介で参議院の医系議員谷口弥三郎から、通り易い案に改めて参議院から出したいと交渉があった。法案を横取りするとは何事かと腹が立った」し、参議院の医系議員は保守的で、原案が骨抜きにされる危険があると賛成しかねたが、一方で「医師の手術を合法化することが先決」であり、「優生学的意味を重んじながら、国民優生法に代る新法」が必要というのも「それだけでも大事なこと」であると考え、妥協せざるを得なかったと述べている（太田 一九八〇、同 一九六七）。

加藤も後年であるが、インタビューに答えて、「参議院で法案をつくる時は、参議院の法制局へ相談するわけです。要綱や条文はそこでつくってくれるのですが、谷口さんはどんどんそこで相談なさって。政府与党ですし。私たちにいちいちご相談なさることもないわけで」と述べており、加藤はほぼ法案の内容に直接関わることはなかったと見られる（斉藤 一九八二）。

この第二次法案の作成は、谷口弥三郎と福田を中心に立案し、それに久慈直太郎、安藤畫一、荘寛ら産婦人科医が参加し協議・検討、原案を作成したという（日本母性保護医協会 一九七〇）。これに参議院厚生専門調査会委員であった中原武夫（のちに法制局参事）が法案としての形を整えていった（太田 一九六七）。したがって、第一次法案と比べると第二次法案の条文は、緻密《ちみつ》で、体裁も整ったものとなっている。

この法案は、超党派の議員立法として、一九四八年六月一二日に両院の厚生委員会に提出される。衆議院提出者は、福田昌子、太田典礼、加藤シヅエ（以上、社会党）、大原博夫（協同党）、榊原亨（自由党）、武田キヨ（民主党）の六名、参議院は谷口弥三郎、竹中七郎、中山壽彦（以上、民主党）、藤森真治（緑風会）の四名で、加藤シヅエと武田キヨの二名以外はすべて医師で、医師会館を宿舎とする「みんな集まって、いろいろ便利」な仲間であった（太田 一九八〇）。

ちなみに武田キヨは、広島選挙区から戦後初の衆議院議員総選挙で当選。戦前は、高等女学校教員や八雲女学校で校長を務めるなどした教育者で、婦人参政権獲得期成同盟中国支部長としても活躍した人であった。保守系の議員で任期は短いが、女性に関わる法案では積極的に発言、行動した人である。

さて第二次法案は、先議となった参議院厚生委員会で、一九四八年六月一九日に谷口による提案理由の説明が行われ、二二日に若干の質疑が行われた後、全会一致で可決。そして翌二三日の本会議で谷口により、厚生委員会での審議の経過と結果の説明が行われたが、質疑もなく可決成立した。衆議院では、六月二四日の厚生委員会で福田が提案理由の説明を行った。二七日には谷口が出席し、さらに提案理由等を補足説明。二八日に若干の質疑の後、これも全会一致で可決。そして同日の本会議で厚生委員会の山崎岩男委員長より報告が行われ、同様に可決、成立した。

以上が国会での法案の成立経過であるが、この第二次法案の内容はいかなるものであったのか。この法案は第一次法案が新法であったのに対し、国民優生法の改正の形を取ったことになっている。前述したとおり、参議院で同法案の提案理由を説明したのは谷口で、衆議院では福田であった。両者の提案理由では、前置きは異なるが、各条文の説明はほぼ同じである。この前段で谷口は、人口対策から産児制限が焦眉の課題であるが、この産児制限によって、「民族逆淘汰」、すなわち「比較的優秀な階級の人々が産児制限を行い、無自覚者や低能者などはこれを行わんために、国民素質の低下」が現れる恐れがあり、これを防ぐために、この優生保護法案が必要であると持論を強調している。一方、福田は、人口対策として人口の自然増加を抑制する必要があり、その抑制とは、「不良分子の出生を防止する」ことと「母性の健康を度外視したこれまでの出生増加」をあらため、母性保護の立場からある程度の人工妊娠中絶を認めることであると述べた。そして以下、国民優生法との違いを七点列挙しているので、これに沿って内容を見ていこう。

まず、一点目は、悪質疾病の遺伝防止と母性保護の立場から一定範囲で任意の優生手術を設けたこと、二点目は、強度の遺伝性精神病など疾患の遺伝を防止するために公益上必要と認める場合の強制優生手術の規定で、この場合は都道府県優生保護委員会の審査許可を必要とする、以上が優生手術の関係。三点目は、優生手術の対象となる人で妊娠した場合、または妊娠分娩によって母体の生命を危機に陥いる恐れのある場合は医師の判定で妊娠中絶を行えること、四点目は、妊娠分娩によって母体の健康を著しく害する恐れのあるもの、または暴行脅迫によって妊娠した場合は、地区優生保護委員会の審査決定で人工妊娠中絶を行えることで、以上が妊娠中絶関係。五点目は、母体の生命健康の安全を確保するため、技術や設備の信頼できる指定医師制度を設けたこと、六点目は、優生手術と人工妊娠中絶の申請を受け、判定にあたる中央、地方、地区の三種類の優生保護委員会を設置したこと、そして七点目が、優生結婚相談所の設置で、これにより結婚の相談を通じ、「不良子孫」の出生を防止し、「地方人士」に対し優生の知識や避妊器具の選択、受胎調節の方法等を理解させる「予定」としたこと、以上が法案の概要である。

なお、谷口の参議院での法案説明では、優生結婚相談所における避妊や受胎調節の取り組みについては触れられていない。条文には具体的なことは書かれていないが、福田はこうした取り組みへの「予定」に期待する気持ちが強かったのであろう。

谷口弥三郎と優生保護法

第二次法案にもっとも影響力を持ったのは、谷口弥三郎であった。福田は、この法案の作成、成立の過程で、谷口の産婦人科医としての実績や理論、そして政治力、行動力に強い期待を寄せ、党派を超えて行動を共にすることになる。

谷口は、熊本医学校（現 熊本大学医学部）の出身で、多彩な経歴の持ち主である。医師としての業績のほか、戦前、熊本産婆学校を創設したり、『衛生と婦人』という冊子を創刊している。熊本県医師会長になり、その後、日中戦争激化のさなか、人的資源基本調査にあたり、一九四〇年の国民優生法成立にも力を注いだ。戦後は一九四七年の第一回参議院議員選挙で、熊本地方区進歩党から立候補し当選、以後、一九六二年までの三期一五年間務め、その間、久留米大学の学長に就任している。

谷口は出産を国家的な見地で捉え、政策的に考慮していくという姿勢の強い人である。貫いていたのは「優秀な子孫を残す」ことであった。年譜によれば、亡くなる三年前の一九六〇年に日本民族衛生学会で「如何にすれば民族優生を達し得るか」という特別講演を行っていることからも、終生その思想は変わらなかったものと思われる（荒木　一九六四）。

谷口は、戦後の状況から国民優生法の改正の必要性を感じていた。選挙活動中に産児制限の必要を説いていたらしく、戦前はあれほど「産めよ殖やせよ」を唱えていたのに、今度は人口を減らせと言うのは、「弥三郎は二枚舌をつかう」と批判されたようだ。しかし谷口は、「戦時中はあれでいいんだ、敗戦後はこれでなくちゃならん」と割り切っていたという（荒木　一九六四）。

参議院議員になった一九四七年の八月には、「産児制限に関する質問主意書」を片山内閣に提出している。加藤や太田、福田らが第一次法案を国会に提出したとほぼ同じ時期である。谷口の目的は、「優生学的見地に立って将来における国民素質の向上を図る」ことである。国民優生法と堕胎罪によって人工妊娠中絶はできないことになっていたが、現実にはヤミで堕胎が行われており、また、産婦人科医も優生手術の適応症という名目で法に抵触しかねない、きわどい中絶手術も行っていた。人口対策としての産児制限は急を要する課題であった。こうした事情から谷口は、医師による中絶手術の要件を緩和することで「不良な子孫を防止し」、同時に産児制限によって生じる「民族逆淘汰」を防ぐことが急務と考えた。

成立した第二次優生保護法は、戦前の国民優生法に比較して、逆に優生思想が強化されたことが指摘される。戦前から優生学を推進する人たちは、産児制限として避妊や中絶を推し進めると、「比較的優秀な階級」が産児制限を行い、「民族の劣悪化が進む」という「民族逆淘汰」に懸念を抱いていた。谷口らは、この逆淘汰を防止するため、優生手術の対象を非遺伝性疾患にまで拡大し、国民優生法と比べ手続きを簡易化することでその実効性を確保しようとした。同時に、母体の健康や暴行・脅迫を理由とした中絶に地区優生保護委員会の審査決定を必要とするなど、第一次法案より強い縛りを設けることで、産児制限反対派のこの法案に対する納得を得ようとしたと見られる。この法は、戦後の人口抑制の要請から産児制限と優生思想の二つの思想がせめぎ合って生まれたものであった。

福田は法案成立後、谷口と共著で『優生保護法解説』を出版している。また、指定医による日本母性保護医協会が設立される。優生保護法の「指定医制度」は、谷口が発案し、強固に主張して法に盛り込ませたものであった。この協会は、「優生保護の学術研究向上」や「母性保護の普及徹底」を目的としていたが、会長に谷口が就くとともに、福田も理事に就任している。この協会設立時の状況を知る産婦人科医の森山豊は、「(福田先生は、)谷口先生と、まァ、党派は違うけれども、ほんとにいいコンビといいますか、珍しく、いわゆる超党派的にやっていらっしゃいましたね」(日本母性保護医協会 一九七〇)と、二人が優生保護法で息を合わせて行動していた様子を語っている。

また、一九四九年、日本医師会会長に九州ブロックから谷口を推す動きが高まった際には、熊本県医師会長をはじめ、九州各県会長が福田の部屋に集まり、熟議を凝らしたという(荒木 一九六四)。福田と谷口は党派が異なるとはいえ、この優生保護法の「生みの親」として、その後は母性保護医協会で活動を共にするなど、長く交流を続けることとなった。

福田は、第二次法案成立では、谷口の主導にほぼ信頼を寄せていたが、福田の法案に対する特徴的な思いを抽出するとすれば、提案理由を説明した時に冒頭述べたことであろうか。

福田は、「従来母性の健康までも度外して出生増加に専念しておりました態度を改め、母性保護の立場からもある程度の人工妊娠中絶を認め」ることが必要と発言している。谷口は、人口抑制で産児制限が必要であるが、これに伴う逆淘汰を防止するため本法案を提出したと強調している。福田は優生学的見地に加え、母性保護の必要性を提案理由の冒頭に付加している。この傾向は第一次法案の提案理由説明に立った加藤にも見られる。谷口が医師としての優生学的見地や国家的な人口対策が先行し、母体の健康は考えても、女性の生き方までには言及していないのに対し、福田や加藤シヅエは、やはり女性として「産む性」に立って事態を認識し、その解決策を描いていたように思える。加藤は第一次法案の国会での説明で、女性が貧困、食糧不足の劣悪な生活環境で子を産むことに苦しんでいることを強調している。福田や加藤は、女性が自分の意思や健康に反して産むことを強制されることへの反発、産むことについて人格と人生が尊重され、主体的に選択できることの必要性は感じていた。福田は「女性の解放」で必要なことは、第一には経済的自立であり、それと同じ比重で「セックスの解放」すなわち女性が自ら妊娠、分娩をコントロールできることが必要で、それが「女性の本当の文化生活」だと主張している（楠本 一九四九）。一九七〇年代以降主張された「リプロダクティブ・ヘルス／ライツ」といった概念、女性の権利意識に通じるものであった。

付言すると、第一次法案の中心となった太田典礼も当時、声高に主張はしていなかったが、女性には自分の意志によって母となる、あるいは母となることを拒む自由と権利を有するもので、それは抑圧からの解放であり性の解放であるという認識を持っていた（太田 一九七〇）。

しかし、福田は一方で、太田や谷口と同様、優生思想も強固に持ち合わせていた。

もう一つの風景

優生保護法は、一九四八年七月に公布されたが、翌年には、妊娠中絶の範囲に「経済的理由」が盛り込まれた改正案が提出され、可決されている。その三年後の一九五二年には、健康上の理由や暴行脅迫による妊娠中絶の際に必要とされた他の医師やまたは民生委員の意見書、および優生保護委員会（一九四八年改正で審査会となる）の審査が不要となり、医師の認定のみで可能となった。また、優生結婚相談所を優生保護相談所と改め、ここで医師のほか、助産婦、保健婦または看護婦が受胎調節指導員として、受胎調節などの知識、器具の普及にあたることとなった。同時に、優生手術の関係でもその対象が拡大され、また手続きも簡素化された。

一九五二年の第二次改正で、福田は、社会党を代表して賛成表明を行っている。このなかで、改正された内容は、一九四八年の「制定当初から盛り込みたいと考えていた」ことであり、「当初から、そうしなければならなかった」ことであると繰り返し強調し、それがやっとこの改正案で実現すると喜びを表している。さらに「昭和二十三年当時の空気は、」こうした意見に「賛同が得られなくて、通り得なかった」と第二次改正の内容にたどりつくまでの過程をしみじみ回顧している（衆議院 一九五二・四・一七）。確かにこの改正にいたるまでの間、福田は幾度となく、国会で、強姦や経済的理由での中絶に民生委員が意見書を出すことに躊躇《ちゅうちょ》しがちであること、また、手続きが煩雑であるためにヤミ堕胎が依然多いこと、同様、優生手術の件数も少ないことを問題にし、改善するよう指摘していた（衆議院 一九五〇・四・一、同 七・二七）。

優生保護法には妊娠中絶の要件緩和と逆淘汰を防止するための優生手術の拡大が、つねに両輪のようにつきまとっている。改正でどちらが主眼であったかの判断は保留するとしても、福田らは、法案提出の当時から、経済的理由での中絶を可能にすること、かつ中絶にあたっての意見書の添付や審査会の審査などといった煩雑な手続きは不要と考えていたのではないかと推測される。ただ、周囲の空気がそれを許容するような状況ではなかったために、まわり道をせざるを得なかったと悔しさを滲ませているのだ。当初から当然そうしなければならなかったことの背景には、何か切実な事情があったように見える。

福田は、選挙期間中、そして議員となってからも福岡と東京の間を行き来し、戦後の福岡の実情を目にしているが、そこには大勢の「引揚者」がいた。

敗戦によって旧支配地の朝鮮や満州から軍人や民間人が多数、本国への帰還を急いでいたが、一九四五年一一月、福岡の博多港に厚生省博多引揚援護局が設置されると、朝鮮半島に近接していたこともあり、以後、総数にして一三九万人という多数の引揚者がこの地に到着した。このため、博多港では検疫、防疫の作業に追われ、港から博多駅周辺まで一時収容所や、療養所、孤児保護施設などができていた。福田は福岡に戻ると、こうした引揚援護事業の現場に出向き、医学生などを励まし、カンパを置いていったという（東野 二〇〇七）。

こうした引揚者援護事業の一つに、「特殊状況下」に置かれた女性への救護というのがあった。これは大陸から日本への帰還の際、性的暴行を受け、博多引揚援護局が記すところの「不法妊娠」や性病の疑いのある女性の治療などを行うというものであった。旧京城帝国大学の医師を中心に運営された「二日市保養所」では、多数の中絶手術が行われている。また、この保養所のほかに九州帝国大学医学部の医師らによって、同じくこうした女性への中絶手術が行われており、福田と谷口が療養所の視察に訪れたことがあるという（石濱 二〇〇四）。共に九州出身の福田と谷口がこのような実態を直接見聞きしていたことは確かであろう。

当時の中絶手術は非合法であり、まず中絶手術の経験のある医師が不足していた。それでも目の前の現状を引き受けざるを得ず、さらに施術に関わる医師は堕胎罪を念頭に入れる必要があった。一方、政府でも「不法妊娠」やそれによる「混血児」の出生といった状況を問題視し、黙認、あるいは陰で積極的な対策を取ったと言われている（山本 二〇一六）。

谷口が一九四七年八月、片山内閣に質問主意書を提出していたことは先にも述べたが、そこには、これまでの国民優生法で認められている中絶の要件に新たに検討すべき事項として、「強姦、誘惑

により て妊娠せる場合」と「戦災者または引揚者」で「生活苦に悩める者が妊娠した場合」が列挙されていた。こうした問題意識は、視察した引揚援護事業での女性救護の実情と無関係ではあるまい。さらにGHQ占領下、軍事基地などの周辺には売買春施設があふれ、巷には占領軍兵士を相手とした「パンパン」が出現していた。

福岡にも板付、芦屋、小倉、築城と多くの基地が置かれ、「パンパン」の数も多かった。福田は議員になって早々、博多の街で自ら扮装《ふんそう》してこの「パンパン」に接近し、実態調査を行ったこともあり、強い関心を示していた。また、兵士による強姦事件も多発していた。

当時の政府、支配層のなかには、彼女たちの妊娠は、その生活実態からも、さらに生まれてきた子どもの成育環境からも「不幸」なことであり、それ以上に「日本民族の優生的見地」から憂うべきものと考える傾向があった。先に触れたように、第一次法案で太田が「画期的なこと」と評価した「強姦その他不当な原因に基いて自己の自由な意志に反して」妊娠し、「子が必然的に不幸な環境に置かれ、そのために劣悪化するおそれのある」場合に中絶を認めるという条文は、こうした状況に適合したものであった。そしてそれは第二次法案にも着実に引き継がれた。

産婦人科の医師の間でも「中絶の合法化」は、闇中絶に走る女性を救うことと合わせ、日本民族を守るために切実、緊急の課題と考える人は少なくなかった。

福岡市の産婦人科医で、後に日本母性保護医協会の福岡支部長となった杉森司は、同協会の『二十周年記念誌』で衆議院議員に当選したばかりの福田に次のように進言したと当時を回想している。

貴女も法律を作られる身になったんですから、婦人は婦人らしく、女（母）性保護（?）の法律をこさえては如何ですか。あの民族優生法十六条の何とかで妊娠中絶をお情でさしてやるという官僚の了見は、がまんならんですよ。黒ん坊や白ん坊のあいのこが沢山出来ては困りますさあ。その辺から手をつけて見ては如何ですか？　僕のクラスメートの太田典礼も今度当選してる様だから紹介状を書きましょう。太田はすぐ堕胎法撤廃などといいますから、よろしくかじをとって下さい（日本母性保護医協会 一九七〇）。

福田がこの杉森の紹介状を持って太田のもとを訪れたのか、また発言をどう受け止めていたのかも分からない。しかし、福田と杉森が産婦人科医として同じ現状を見ていたのは確かである。優生保護法が成立したとき、産婦人科医をはじめ関係者が、驚くほどの法律が通ったと感心したのは、こうした切実な事情を背景としていたとも言えよう。

「正しい産児制限」

福田は優生保護法成立後、国会でこの法律に関連した質問をよく行っている。それは「生みの親」として、この法律を空文化してはいけない、実効性あるものにしなくてはという使命感を感じさせるものであった。しかし、その発言には、優生思想に関わるものも多い。

一九四九年五月の衆議院本会議で「人口問題に対する決議案」について、社会党を代表して賛成表明を行っており、まずそれから見てみよう。

福田は、敗戦によって人口が飽和《ほうわ》状態にあり、その対策が焦眉の課題となっているが、その解決策として、一点目に国土の開発、食糧の増産、工業の発展などの経済復興といった「人口扶養力」の増大、そして二点目に移民政策が考えられるが、これら二つは限界があり、「従いまして、当面残された唯一の人口政策は、出生の制限ということ一つにかかって参る」と指摘する。そして産児制限が欧米と比較しても遅れており、これを積極的に推進する必要があるが、この産児制限を進める際には、「民族素質の逆淘汰」や「性道徳の紊乱《びんらん》」が起こりやすいので注意しなくてはならないと述べる。そして「正しい産児制限」とは、「社会的な観点に立つて、各個人の家庭生活の安定と文化向上との目的のもとに、また女性生活の改善、解放の目的のもとになされるところの産児制限（中略）いわゆる社会的な産児制限でなければならない」が、このため注意すべきことは、優生保護法を完全に適用して、優生学的な産児制限をなすことだと主張する。そして勤労階級、農村階級、婦人層など産児制限の要望が強い階級に費用の援助と避妊薬や避妊器具の配給を無料か安価で提供するよう求めている（衆議院 一九四九・五・一二）。

これ以後も人口対策とからめ、優生手術の実施状況や強制断種に関わる予算の増額について、たびたび質問している。そのなかでも福田が「優生学的な産児制限」に強い確信を持っていたと思われる国会でのやり取りが残されている。

それは一九五〇年三月の法務委員会でのことであった。その法務委員会の議題は、「少年法及び少年院法の一部改正」で、福田は発言の冒頭、「私は最近の青少年の不良、浮浪または犯罪という傾向があまりにも激増の一路をたどつているという状態にかんがみまして、（中略）お願いのために、委員外の質問をお願いいたした次第でございます」と前置きしている。わざわざ委員外で発言に出向いたのである。

福田は発言の前段で、不幸な立場にある青少年は、戦争のもっとも大きな犠牲者であり、青少年の犯罪または不良行為は、「社会の環境、あるいはまた経済状況、あるいは教育、思想、道徳というものがすべてその原因になつて」いるが、その一方で「私たちが忘れがちのものは遺伝の問題であ」り、これにも注意を払い、「医学的な、優生学的な見地に立つての青少年の対策」をとることの必要性を論じた。とくに福田が指摘したのは、遺伝的傾向の強い「精神薄弱者への優生学的な対策」であり、それは強制断種を意味した。

これに対し、殖田俊吉法務総裁（大臣）は「優生学的なお話があります。これはけつこうでありますが、ともすればファショ的な傾向、全体主義の考え方になります」と述べ、デモクラシーの考えでは全体のために個人を犠牲にするようなことは簡単にはできないと答弁した。

この答弁を受けて、福田は、「ファショ化」や「思想問題」と結びつけるのは、「法務総裁の個人の見解」であり、「私は優生学的な立場、医学的な立場において言つておるのであり」、「今日、法務庁におきまして、優生学的研究、医学的の研究ということが全然なされていないということに対して、この際非常に不満であるということを申し上げておきます」とその主張を変えることはなく、優生保護法の適用を再度強調した。

殖田法務大臣は、さらに「科学者の立場はさようでありましようが、科学者の立場即政治ではないのであります。よく御反省になつてお考えになることをお願いいたします」といささか非難的な口調で、答弁を再度返している。

これに対しても福田は、ひるむことなく「それは非常に飛躍したお話である」と言い、「御当局も優生学というものを御考慮いただいて、日本民族の将来に対して御関心を持つていただきたい。また優生学的な面を応用いたしまして、青少年の不良化、犯罪化の防止対策を立てていただきたいということを要望するのであります」と譲らなかった（衆議院 一九五〇・三・二五）。

その後も福田は、担当となった予算委員会で優生保護法に関わって、実施状況や予算の増額について質問を繰り返している。福田の国会での発言議事録を読み進むと、この優生思想にたびたび遭遇することになる。今日の感覚からすると「科学者の冷酷さ」や「人権感覚の欠如」に嫌悪感に近いものを感じてもおかしくない。福田は、周囲から、強制断種を振り回す恐ろしい人という印象を持たれていたのではないかとさえ思える。確かに戦前の国民優生法の制定時から、強制が人権侵害にあたらないかという指摘はあるし、戦後の国会での優生保護法議論にファッショ的、全体主義的傾向に対する批判がないわけではない。子を何人持つかの自由は基本的人権に属するものであり、国家が人口調節のために介入するべきことではないという意見は述べられている（参議院 一九四九・五・一三）。しかし、優生思想そのものに否定的見解はなく、大勢は容認に傾いている。また、福田の所属する社会党のなかで、こうした優生思想発言にストップがかかった気配もない。共産党の苅田アサノもしかりである。人口問題は食糧不足や貧困問題を解決すべきで、人口妊娠中絶で解決を図るべきものではないという主張はなされるが優生思想への言及はみられない（衆議院 一九四九・五・二二）。

福田の発言で特徴的なことは、文明国、とくにアメリカの例を挙げ、「悪質遺伝防止のために強制断種手術」が積極的に行われていることを比較対象として取り上げていることである。福田にとって「優生学的適用」は先進文明国であれば、健全な社会維持のために当然採用するべき「予防医学」であった（衆議院 一九五三・五・二九、同 七・一三、一九五五・六・三）。

戦後の優生保護法成立の過程で表出した優生思想が、戦前の「ナチスの断種法を真似た国民優生法」の名残などではなく、戦後の民主主義下で、新たにリメイクされたものであったことがすでに指摘されている（松原 一九九七）。優生学的な断種という考えは、ナチスの人種政策とは別に強固に存在していた。福田は、国会発言でアメリカの状況や事例を引き合いに出しているが、彼女が指摘するように、断種がもっとも早く社会政策的に行われるようになったアメリカでは、ナチス後も一九六〇年代までは、優生学的予防医学に基づいた断種法などの社会政策は優勢であった。見直しが始まるのは七〇年代以降である。優生学的応用はまさに「文明国家の予防医学」であり、当時、人権や民主主義の思想・感覚と相反するという認識は希薄、もしくはなかったのであろう。

福田の発言からは、アメリカの優生学的な施策を研究し、それを文化国家日本にも適用しなくては思っていたことがうかがえる。それは刑務所での積極的活用にまでおよぶ。

戦後の第一回国会、第二回国会の審議のなかで「文化」はキータームであった。戦前の軍国主義を批判し、民主主義、平和主義が掲げられたが、軍事国家に対応するものが文化国家であった。優生保護法に限らず、多くの法令の目的として、その用語は使用された。優生思想や断種という用語は、「ナチスの人種政策」として残酷性や非人間性と結びついてそのものが「悪」としてイメージされる。しかし、戦後のこの当時、ナチスの優生思想は「政治的悪用」であり、それとは切り離されて、文化国家の一政策として優生政策は、推進されるべきものと考えられていたと言える。

そして福田には、せっかく成立させた優生保護法を形骸化させてはいけないという使命感があった。それが一九五〇年代、国会で「優生思想」をもっともよく体現した人の一人となったと言えよう。福田は衆議院で、谷口は参議院で。

家族計画・受胎調節普及へ

先に触れたように、優生保護法成立の翌年、一九四九年四月に日本母性保護医協会（現 日本産婦人科医会）が結成された。会長は谷口弥三郎、福田は理事に就任した。この協会は、優生保護法に定められた指定医師を会員とするもので、「優生保護法の徹底的普及を図ると共に」、人口対策については「優生学的医学的打開を図り、母性保護の見地から母性生活の文化向上の為に貢献」しようというものであった（『母性保護医報』一号）。この協会では人工妊娠中絶に関連する研究調査などが行われ、指定医師への情報提供などを通じ、資質の向上を図ることが目的とされていた。福田は、この協会の初期にはかなり力を注いでいたとみられ、福田の作成した『優生保護法早わかり』が会員に配布されている。谷口の後任として会長を引き継いだ森山豊は、「まァ、確かに優生保護法ができたり、あるいは『母性保護医協会』の初期の黎明期には、福田先生の役割というのは、非常に大きかったと思うんですね」と述懐している（日本母性保護医協会 一九七〇）。福田は一九六七年三月まで理事を務め、その後は名誉会員となっている。しかし、この協会は一方で、産児調節や避妊推進を阻害すると批判を浴びることとなった。

　優生保護法が改正され、経済的な理由による中絶の道が開かれた一九五〇年代以降、出生率は下がり始めたが、人工妊娠中絶の件数は上昇した。その数は一九五〇年が約五〇万件であったのに対し、一九五五年には一一七万件と戦後最高に達した。家族計画として避妊の普及を進める産児制限運動団体のなかには、優生保護法で比較的安易に中絶できるから避妊が進まないといった論調や、中絶による母体への障害を批判する声が強く、優生保護法と産婦人科医への反発が高まっていた。このため日本母性保護医協会も非難の対象となったのである（日本母性保護医協会 一九七〇）。

　福田は、中絶手術が安全に行われる必要性を主張していたと同時に、避妊などの産児調節は、それ以上に推進すべきであると考えていた。国会質問でも受胎調節の普及、安全な避妊薬の提供などについて早くから政府に要望していた。一九四九年の第一次改正により、受胎調節の指導普及が盛り込まれ、政府は『受胎調節便覧』を発行するなど、それまで民間まかせであった受胎調節に乗り出すこととなった。一九五〇年七月の厚生委員会で福田は、人工妊娠中絶の手続きが煩雑なため依然、闇中絶に走る女性が多いことに加え、産児制限の問題に触れて、避妊薬は不良品も多く、あまり功を奏していないこと、バースコントロールへの関心を高める必要があり、知識の普及、啓蒙のために予算措置が必要であること、また、保健婦や助産婦を活用することで産児制限の指導を行う人員を整備する必要性などを訴えている（衆議院 一九五〇・七・二七）。一九五二年の第二次改正でも「人工妊娠中絶なるものが、いかに母体を障害するものであるか、また人工妊娠中絶後においては、いかにすぐまた妊娠するものであるか」を厚生当局で指導、宣伝するよう要望している（衆議院 一九五二・四・一七）。

中絶手術がいくら指定医師で安全に行われても、女性にとってそもそも好ましいものであるはずはない。このため厚生当局に中絶の弊害を「大いに拍車をかけて御宣伝願いたい」と迫っていたのであり、女性にとって必要なのは妊娠のコントロールであって、重要なのは受胎調節の普及と考えていたと言えよう。国会の発言だけではない。福田は家族計画、受胎調節の普及に力を注いでいる。一九四九年に出版された『避妊薬と避妊法』では、受胎調節、避妊の方法として薬やペッサリーなどの器具より、コンドームを薦めており、良質のコンドームを家庭の必需品にすべきだと述べている。また、「これからの女性は、性の問題に関し、相当くわしい知識をもつことと、正しい避妊の方法、あるいはなぜ避妊しなければならないかということに、はっきりした認識をもつことが必要」であることを強調し、さらに、避妊は女性の問題だと考えがちだが、実は男の人が積極的な関心をもって考えれば、「つまらない希望しない妊娠をしなくてすむ」と男性の責任にも言及していた（楠本 一九四九）。

一九五二年五月に優生保護法の第二次改正が行われ、受胎調節指導員の制度が設けられ、医師のほかに認定講習を受けた助産婦・保健婦・看護婦が指導員として受胎調節の実地指導が行えるようになった。産児制限、家族計画がライフワークであった加藤シヅエは、マーガレット・リンガーの来日を機に結成された日本家族計画連盟の副会長となった。福田はその家族計画連盟にも所属している。連盟では、家族計画指導員の養成を行い、認定講習の資格をとった保健婦や助産婦が避妊の方法を指導し、家族計画の思想と実践を広めることになった。

福田はこうした東京の活動に加え、地元福岡でも受胎調節の普及指導に取り組んだ。

福岡では戦後直後から産児調節の活動が活発に行われていたことを、太田は次のように評価している。

京都の影響（太田が京都で産児制限同盟を結成していた。著者注）をうけて翌二十 年二月福岡に安河内寿の努力で「産児制限研究会」がつくられ、街角に会員募集の立カンバンを出して話題をまき、新聞も大きくとりあげた。医師の星野信夫、安元獲、合屋元素、次いで杉森司、福田昌子らが積極的に協力し、コンドーム、ペッサリー、太田リングの普及につとめた。引きつづいて産児制限普及同盟西日本支部、西日本優生結婚相談所などを加え、優生保護法以前から活動した組織として注目された（太田 一九七六）。

そして福田が所長であった西日本優生結婚相談所（一九五二年改正で西日本優生保護相談所と改称）は、一九四八年暮れから活動を開始し、年間数千名の相談に応じたが、これは全国的には同相談所の活動が停滞気味であったのに比べると、きわめて活発だったと評価している。また、一九四八年三月に日本計画出生協会という受胎調節の啓蒙指導を行う協会が設立されているが、福田は、同協会と併せて三信ペッサリーと連携して開設された「母の相談所」の所長を務めた（太田 一九七六）。

福田は戦後直後から産児制限の必要性を感じ、福岡で他の医師らと共に、その普及指導に精力的に活動しており、国会議員となって以降も、福岡に戻ると受胎調節の講習会などに頻繁に出向いていたという（東野 二〇一三）。一九五三年一二月には、福岡市助産婦会館で西日本優生保護相談所の主催による「本年度受胎調節指導をかえりみる各地指導者座談会」が開かれ、その司会を福田が担当している。座談会には、日本母性保護医協会支部長の杉森司や県衛生部母子係長のほか、保健所、助産婦関係者十数名が出席し、普及指導の問題点や効果を上げるための方法などが議論された（『西日本新聞』一九五三・一二・三〇）。

最後に家族計画に関連した福田の国会での発言の様子が『読売新聞』のコラム「白亜の表情」に次のように取り上げられているので紹介しておきたい。

九日の衆院予算委員会で〝医博〟の肩書を持つヘップバーン刈りした福田昌子氏（社）が得

意の医学知識を傾けながら「政府は三十一年度の受胎調節指導対策費として三億円の予算を計上せよ」と迫った。ところが答弁に立った一万田蔵相は、「貧困家庭というものは子供を生むなといっても生んでしまうから、生まないという見通しがついたら予算もふやしましょう」とやり返した。これにキッとした目つきで福田氏「貧乏人は政府の受胎調節指導が十分に行われていないため避妊薬や避妊器具の使い方を知らないからだ」と再質問。蔵相「予算増額については研究しておきましょう」福田氏「研究しておきましょうとはなんです。いま私がここで質問している間にも三分間に一人ずつ生れているんです！」結局この問答最後は爆笑で終ったが福田氏のジリ押しの質問に一万田蔵相もお手あげのテイだった（『読売新聞』一九五五・一二・一〇）。

読者を楽しませる意味あいのコラムであろう。担当大臣や周囲の男性議員たちが問題などこか他人事のように軽視しており、笑いの落ちが着くことで記事にされたようであるが、一方で、福田の受胎調節指導への熱意や真剣さがうかがえる。

この受胎調節の取り組みは、保健婦や助産婦などの実地指導員の手によって全国津々浦々、熱心な訪問活動が展開された。『毎日新聞』が一九五〇年から一五年にわたり、人口問題世論調査を行っているが、それによれば、一九五〇年には、避妊を実行したことがない人が約六四％であったのに対し、一九六五年には、二五％へと低下している。家族計画に対しては当初から前向きな人が多く、五〇年には六〇・七％、六五年には八七・五％の人が「よいこと」と回答しており、五〇年代には知識もなく、抵抗のあった避妊などの産児調節が広く普及したことを示している（清水編 一九六六）。そして中絶件数は、一九五五年の一一七万人をピークに減少し始める。出生数もこの頃から安定し始め、夫婦と子どもは二、三人という、今にいたる家族形態が定着し始める。優生保護法による中絶の合法化と、受胎調節普及による二本立ての家族計画運動の結果といって過言ではないだろう。

しかし、この受胎調節普及の取り組みもまた、女性たちにとっては自らの性をコントロールするためのものであったと同時に、それらは、優生保護法の目的に明記された優生思想に基づいたものであったことは忘れてはならない事実である。

優生保護法その後

優生保護法は、一九九六年に改正され母体保護法となった。優生学的思想に基づいた条項は、人権侵害にあたるとして削除された。この背景には国際的な大きな動きがあった。一九九四年に国連の国際人口開発会議が開催された。ここでリプロダクティブ・ヘルス／ライツという性と生殖に関する健康と権利の概念が打ち出され、同時に日本から参加した女性障害者が優生保護法による優生手術の実態を告発し、世界の注目を集めた。こうした国際的な世論、圧力により、日本政府は、過去の十分な検証もしないまま、国会での審議もそこそこに優生条項を削除し、「母体保護法」へと

「改正」を行い、優生保護法という名称は姿を消すことになった。

優生保護法をめぐる戦後の動きをみると、この法律の問題性がくっきり浮かび上がる。同法は女性たちにとっては、「生む生まない」の選択を実質保障するものとして戦後、機能したが、それは、成立当初から人口政策的な意味あいが強く、女性の性と生殖にまつわる自己決定権に裏打ちされたものではなかったことから、「中絶する権利」は安泰ではなかった。労働力不足が懸念された一九七〇年代前後から「経済的理由による中絶」は攻撃にさらされ、一九七二年、一九八二年と二回にわたり、国会で経済的理由による中絶の削除の動きが出てきた。女性たちは「生む生まない」権利を奪うとして強力な反対運動を展開した。そのつど、女性たちは優生保護法が有する「不良な子孫の出生を防止する」という優生政策の問題と直面せざるを得なかった。反対運動のなかで女性たちと障害者は、意見の相違や矛盾を抱えながらも問題を共有し、共闘が続けられた。

一九九四年の国際人口開発会議のワークショップで、女性の障害者が優生保護法の人権侵害を告発した背景には、女性障害者と地道に関係を継続してきた優生保護法改悪反対を闘った女性運動の流れをくむ人たちの力があった。その共闘は、さらに二〇一八年、強制不妊手術被害者による国家賠償訴訟提起へとつながる。

福田は一九七五年に死去しており、優生保護法の行く末を見届けることはもちろんなかった。

そもそも女性の「生む生まない」の選択に関わる中絶条項が、優生政策の一環として優生保護法に盛り込まれたことが、その後、多くの問題を発生させることになったと言える。しかし、戦後の一九四八年当時、女性の権利として性と生殖に関わる自己決定権を法律として成立させることはとうてい無理ではあっただろう。西欧諸国で「中絶」の権利が認められていくのは一九七〇年代後半である。そして日本では、いまだ堕胎罪があり、福田や加藤シヅエが願った性の解放、バースコントロールの権利といった性と生殖に関わる自己決定権は、法律としては日の目を見ていない。優生保護法が優生政策による人権侵害の法であったことは否めない。女性の「生む生まない」の選択に関わる中絶、産児調節は、歴史的には優生思想と分かちがたいものであったし、優生政策を規定した法律は消滅しても、優生思想の問題は形を変えて私たちに問い続けている。

第二章

性病予防法・売春防止法

性の国家管理をめぐって

「性病を家庭に入れるな」

一九四八年には、福田にとって関心事である「性病予防法」も国会で審議、成立している。戦後直後からほぼ一〇年間は、ある意味「性病撲滅《ぼくめつ》」との闘いでもあった。戦前も性病患者は多かったが、戦後の一九四六年には、およそ二四万人であった性病患者数が一九四七年には約四七万人、一九四八年が約四〇万人と急増した。これは届け出があった梅毒、りん病、軟性下かん、そけいリンパ肉芽腫の四種の総数であり、その病気の性質上、潜在患者を考えると、驚異的な数と言える。

一九五〇年の厚生委員会で、海員組合の船員保険における財政ひっ迫が問題になった時、福田が質問に立っている。その時の政府側答弁に疾病の三〇%は性病であり、その治療費が四〇%を占めているという発言が出てくる。それに対して福田は性病治療薬を国庫負担にしてはどうかと提案するのだが、いずれにしても性病患者がいかに多かったかの一例であろう（衆議院 一九五〇・一二・五）。

結核患者が当時、五〇万人前後であることを考えると、性病も国民病と言ってよいほどであった。厚生省統計で届け出性病患者数が一〇万人を切るのは一九五八年になってからで、一九五九年にやっと三万人台に減少した（厚生省医務局 一九七六）。

性病に対して、日本では戦前、感染症としての緊迫感はなく、公娼制度のもとで性売買につきもの病であり、対策はいわゆる遊廓に所属する娼妓に対して定期的な検診が行われた程度で、それ以外では直接命に関わらないためか、対策は放置されがちであった。政府が遊廓以外で、本気に対策の必要を考慮し始めたのは、一九三〇年代、中国大陸への侵攻を目的とした長期の戦争を始めたことにより、兵隊の戦力低下を怖れたためと言われている。軍隊は性病対策を必要とし、それ以後、女性たちは性病対策としても「戦争に活用」されることになり、それに伴う人権侵害の被害者となってきた。そして、公娼制度下以降、性病の感染源は、つねにそれらに従事する女性とみなされてきたが、それは戦後になると、占領軍兵士の性病罹患を怖れたＧＨＱが、日本側にその対策を強く迫ることで、新たな様相を呈することになる。

ＧＨＱは占領早々、日本の公娼制度と占領軍兵士を脅かす性病対策に着手した。ＧＨＱのＰＨＷ（公衆衛生局）は、一九四五年九月には「公衆衛生対策に関する覚書」を、一〇月には「花柳病（性病）対策に関する覚書」を発している。これを受けて政府は、一一月に「花柳病予防法特例」を制定し、売春従事者のみならず、一般国民を対象に、医師の届け出を規定したが、健康診断や強制入院は売春従事者に限られており、蔓延《まんえん》する性病にこの特例法が効果をもたらすことはなかった。

一九四六年一月には公娼制度が廃止されたが、ＧＨＱは兵士の買春に黙認の態度を取っており、兵士の間で一挙に性病が蔓延した。日本政府の音頭で設置されたＲＡＡ（特殊慰安施設協会）は、ＧＨＱにより性病蔓延の温床として、一九四六年三月には閉鎖させられていた。ＧＨＱは日本政府に性病対策の法案づくりを迫っていた。

性病予防法は、一九四八年六月一二日に衆参両院に提出され、厚生委員会で竹田儀一厚生大臣による法案の提案理由の説明が行われた。

提出された法案の骨子は、性病を「国民の健康な心身を侵し、その子孫にまで害を及ぼす」ものと明記し、それまでの花柳界（芸妓屋、娼妓屋などの集娼地域）を主な発生源とした花柳病から、一般国民を対象とした性病へと認識を改め、その徹底的な治療と予防を目指すものであった。そのため一、性病患者の医師による届出義務制をとり、感染源発見のため接触者調査を行う（第六、第七条）。二、婚姻時には診断書を交換し、妊娠時には健康診断を受ける（第八、第九条）。三、性病の疑のある者、売いん常習の疑の著しい者および性病の蔓延が著しい場合には強制健康診断を行う（第一〇、第一一、第一二条）。四、都道府県は性病治療のための病院、診療所を設置する（第一六条）というものであった。また、性病患者が売いんした時をはじめ、その勧誘、斡旋、さらに売買春という金銭を伴う性行為に限らず、性病に罹患した者が、感染させる行為を行うことは犯罪とされ、罰則が設けられた（第二六条〜第二八条）。全国民を対象とした性病患者の届け出や接触者調査、強制健康診断、感染行為への罰則規定など、この性病対策を担当したＰＨＷ（公衆衛生局）の強い危機感を背景に、アメリカ式予防法といった手法が反映されていた。

この性病予防法の国会審議で冒頭から問題にされたのは、八条の婚姻時の健康診断書の交換および九条の妊娠時の性病検診の関係であった。これらの規定は、強制ではなく努力義務で、政府は道徳規定と説明した。

審議が先行した参議院厚生委員会では、発言のトップに立った無所属（緑風会）の宮城タマヨがこの努力義務規定を「生ぬるい」と批判。強制、義務規定にすべきと主張した（参議院　一九四八・六・一二）。衆議院でも福田がこの八条規定を取り上げ、「罰則または強制的な措置」を取るべきで、そうでなければ「まつたく」の「有名無実の條文に過ぎない」と批判した（衆議院　一九四八・六・二九）。

この八条は、結婚に伴う性病感染と親子感染による子どもへの障害を防止することを目的とするものだが、党派を超えて賛成表明が出されている。武田キヨや藤原（山崎）道子など、とくに女性議員がこの結婚時の健康診断に関心を集中させ、強い措置を求めた。こうした女性議員の「勢い」は、この問題が急に浮上したわけではなく、戦前から性病が「家庭に持ち込まれる」ことへの怒りがあったことを想起させる。

注　山崎道子は、衆議院議員では山崎姓で、参議院議員となって以降（一九五〇年〜）は藤原姓を称している。本稿では便宜的に藤原道子で統一する。

一九一九（大正八）年、平塚らいてう、市川房枝、奥むめおらが組織した「新婦人協会」（発会式は一九二〇年）の政治課題には、治安警察法第五条改正などと並んで花柳病男子結婚制限が掲げられ、帝国議会に請願の足を運んだ。花柳病男子結婚制限は厳しい批判も浴びたが、買春が常態化していた明治・大正期、結婚によって夫から性病をうつされ、心身の不調をきたし、流産や死産を繰り返す女性も多く、また、生まれてくる子も障害を負ったり、幼くして亡くなるという悲劇も繰り返されていた。新婦人協会の会員であった横浜の積しなは、協会に参加した動機の一つとして、父の性病のために自分が先天的な眼や耳の障害を負ったことをあげている（江刺 二〇〇五）。八条は、性病に罹患した男性の結婚を制限するというものではもちろんないが、結婚時に罹患していないことの証明を取ろうという水際作戦であり、問題意識としては通底するものがあった。そういう意味では戦前、男性議員に請願に行くことしかできなかった女性たちが、戦後、参政権を獲得し、自ら国会で声をあげ主張することができた感慨深い要望であったとも言える。

八条については、国会で相次いで「強制とすべき」という意見が出たものの、修正まではいかず、九条の妊産婦についてのみ、参議院厚生委員会で社会党の中平常太郎から「受けなければならない」とする修正動議が出され、反対意見なしで可決された（参議院 一九四八・六・二五）。衆議院でも同様であった。

国会でこのほか議論となったのは、一二条の「性病の蔓延が著しい場所」における強制健康診断であったが、問題とされたのは公衆浴場での性感染、とくに幼児も含めた子どもへの性病感染の問題に集中した。公衆浴場や温泉での感染は、法成立後もたびたび、場所が特定されて問題にされており、事態の深刻さや関心の高さがうかがえる。確かにこうした問題も軽視はできないが、この性病予防法の最大のターゲットは別のところにあった。

性病予防法案の問題点として、もっと議論されるべきであったのは一一条の「売いん常習の疑の著しい者」に対する強制健康診断であった。

「狩り込み」の合法化

性病予防法には次のような条文が盛り込まれた。

「第十一條　都道府県知事は、正当な理由により売いん常習の疑の著しい者に対して、性病にかかつているかどうかについて医師の健康診断を受くべきことを命じ、又は当該吏員に健康診断をさせることができる。」

この条文について政府委員の濱野予防局長は、「第十一條は、昔はこういう法律が一つもなかつたのであります。早く言いますとパンパン・ガールの検診はよく議会でも問題になりましたが、政府といたしましては検診が一切できなかつた。あれは先様の御命令によつて連れてこられて、御命令によつて検診した。今度の十一條で初めて、もしああいうことが必要であれば、当該吏員が検診できる」ことになったと説明した（衆議院　一九四八・七・二）。

濱野は、「売淫常習の疑いのある者」とは、「そういう女性、往来に立つておる女性といつたようなものを一般に指しております。」と答弁しており（参議院　一九四八・六・二二）、こうした「パンパン・ガール」への強制検診がこの性病予防法によって根拠が与えられたと高く評価し、誇らしげに述べたのである。

この性病予防法が成立する以前も、兵士の性病対策を急いだＧＨＱの太平洋陸軍憲兵隊司令部

（以下、ＭＰ）と日本の警察によって、「売いん常習の疑の著しい者」である「パンパン・ガール」に対して、トラックやジープに片っ端から乗せて警察や病院に連れて行き、性病の強制検査を行う、いわゆる「狩り込み」が頻繁に行われていた。濱野が言うところの、一一条がない時は先様の命令でしかやれなかったことである。

この「狩り込み」によって、一九四六年の一一月には、池袋で通行人の女性たちが無差別に逮捕され、吉原病院で強制検診を受けさせられた「板橋事件」が発生した。また、一九四八年五月には、看護婦ら三人の女性が約二〇〇名の女性と共にトラックで麹町署に運ばれ、豊多摩病院で検診を強制され、入院料まで徴収されたという「有楽町事件」が起こっている。これらは被害者本人たちが訴え出たことにより明るみになったもので、「有楽町事件」は、社会党の大石ヨシエや藤原道子らが国会で取り上げ、その不当性を厳しく追及した（衆議院　一九四八・六・三〇）。しかし、その趣旨は、あくまでも「パンパン・ガール」でない「まじめな働く女性」に対する人権侵害が起きないようにというものであった。「狩り込み」に伴う誤認逮捕は、全国的に頻発しており、まさに表面化する事例は氷山の一角で、ほとんどが泣き寝入りであった。

性病予防法では、この一一条がもっとも効力を発揮し、街娼の「狩り込み」という世間の耳目《じもく》を集める光景があちこちで見られることになる。政府委員の濱野予防局長は、その趣旨をよく理解していたのであろう。この条文は、人権蹂躙の懸念があり、デリケートな問題だと述べている。濱野が懸念したのが、誤認による「一般婦女子」まで巻き込まれる可能性に対してだけであったのか、

「パンパン・ガール」に対しての人権蹂躙まで視野に入れていたのかは分からない。一方、肝心の国会議員はどうかといえば、一一条に対する認識が希薄であったのか、強制健康診断や六条の接触者調査についても、人権侵害の危険性などを問題とする国会の議論は少なかった。

議論が少ないということは、多くの国会議員は、「売いん常習の疑の著しい者」に対する強制健康診断を積極的に支持していたか、もしくは占領直後からのGHQの厳しい対応を考慮し、多少の人権侵害はやむを得ないと黙認していたのではないかと推測される。後者であれば、連行しての強制検診という横暴な手段に曝《さら》される街娼たちに同情の念を多少なりとも抱いたであろう。しかし、世間の評価は厳しかった。戦後の物不足で貧しい衣食住に耐えていた庶民にとって、目にするのは派手な服装と化粧で占領軍の兵士に接近し、見返りに手にする金銭と豊かな物資で、これらに羨望と反発、侮蔑《ぶべつ》を向けていたのが当時の「パンパン・ガール」に対する視線であった。公娼制度下で「前借金」により拘束され、奴隷的な状態で売春を強要されていた女性には深い同情を寄せても、行動も自由で自らの意思で「商売」をしているかに見える彼女たちに巷の同情心は少なかった。そうした彼女たちに対する制裁的な庶民感情も、この一一条を支えることになったのであろう。

国会で問題にされたのは、それに伴って引き起こされた「一般婦女子」に対する誤認逮捕と強制検診であった。

注　当時、街頭に立ち、占領軍兵士を相手に売春を行っていた女性は「パンパン」と呼ばれたが、性病予防法案の国会質疑ではよく「パンパン・ガール」が使用されている。本稿では「パンパン」および

「パンパン・ガール」を適宜、場面に応じて使い分けている。

立川基地強制検診問題

時期は少し下るが、福田は一九五三年二月および三月の外務委員会で、立川軍事基地における「労務者への強制検診」を問題として取り上げている。それは、「立川におきまして、最近PXとか食堂とか、あるいはまたアメリカの方の独身寮に勤めておりますす日本の女子従業員に対しまして、身体検査が行われて」おり、「その身体検査が非常に常軌を逸脱いたしました局部検査までなされておるということ」を伝え聞いているが、「私どもは、こういうPX、食堂またはアメリカの兵隊さんの独身寮に勤めておられる女子に、こういう局部検診までするということは、どういうわけでなさるのかということを了解に苦しむ」というものであった（衆議院　一九五三・二・二八）。

福田の調査によれば、前年一二月から一日につき二〇～三〇名の女性従業員が検診を受け、すでにその数は五〇〇名に上っているというもので、検診は自由というが、拒否した一人は解雇されたと聞いている。性病予防法で一一条から一三条に該当する以外は強制的な健康診断はできないはずだと再発防止を訴えている。三月一一日の委員会でもこの問題について発言に立ち、福田は「よくアメリカの人たちで、日本の国は売春国であり、日本の女を見たら売春婦と思えというようなことを吐かれることも聞き及んで」いるが、「駐留軍に勤めている売春行為を目的としておりません女子の労務者に対して、こういうような検診をするということは日本の女性に対する人権侵害」であり、もし、性病予防の意味から、性病診断のために必要であれば、何も局部検診をする必要はない。「私は日本女性の名において、こういう日本女性を侮辱するような検診方法は、断固として了承できない」と抗議した（衆議院 一九五三・三・一二）。

この問題の答弁で、岡崎勝男外務大臣は「私は立川のことはまだ聞いておりません。しかし、京都でもってそのような事例が、大分前であります が、あったのであります。」と述べており、立川に限らず基地において、そうした強制検診が行われていたことを大臣自ら証言している。時代は、一九五〇年に始まった朝鮮戦争の最中であり、立川基地は極東最大の輸送基地であった。この立川に限らず全国、そして九州福岡の小倉、芦屋、博多などの基地にも朝鮮戦争に伴う米軍兵士が多数駐留していた。

この事例はたまたま立川基地で問題になったことであるが、ここで基地労働者に対して全国的に行われていた身体検査についてその概要を説明しておきたい。

基地従業員に対しては、当初から厳しい健康診断や予防接種が義務づけられていたが、これは基地従業員の健康を守るためというよりは「進駐軍将兵及びその家族の健康を保持する必要から」実施されていた。その主な内容は、胸部X線検査、梅毒血清検査、糞便検査で、対象者は当初、「①病院、宿舎、食堂等の飲食物取扱者及び家事使用人（コック、給仕、女中、ボーイ等）②事務員及び軍と直接接触を保つ仕事に携わる者（タイピスト、運転手、通訳、理容師等）」であったが、その後、対象者は拡大され、全従業員に適用されている。また、日本側が行う身体検査のほかに、米軍側による「食物取扱人、理髪師、美容師及びバス運転手などの特定の者に対する検査」もあったという。実施時期は採用時のほか年一、二回、食品取扱者に対しては、毎月、あるいは二カ月に一回という頻繁さである。胸部X線検査と梅毒血清検査は必要に応じてとなっているが、軍側がいかに感染性の疾病に神経をとがらせていたかが分かる（防衛施設庁史編さん委員会 一九八二）。

先の立川基地の強制性病検診に関わる国会質問のなかで、外務省の政府委員は、ハウスメイドが検診の対象となった理由を彼女たちが食べ物を扱ったり、乳幼児に直接触れることから、警戒心を持たれたもので、過去に「子供に害が及んだ実例」があったからだと説明している（ハウスメイドが原因であったかの検証については言及されていない）。福田は、ハウスメイドを「パンパン」と同視しているのではないかと追及したが、当時の日本の性病罹患率の高さから、軍側は、兵士への性病感染源として、基地内の女性労働者に対してもそうした視線をもって警戒していたことは否定できないだろう。

なお、基地労働者は定期的に身体検査を受けていても、性病検査が実施されていると自覚していた人は少なかったのかもしれない。キャンプハカタの元基地労働者（男性）は、食堂のコックをしていた時に一度検査を受けたと記憶している（『福岡 女たちの戦後 第一号』）。立川基地の事案もそうであるが、血液や尿検査のほかに局部検査を実施されて、初めてそうだと認識されたものと推測される。

ところで福田の発言であるが、福田は、やはり一貫して「明朗な勤務の形で勤めている」女性労働者に対して、強制検診は人権侵害であると主張している。立川基地での強制検診や「有楽町事件」などは、性病の疑いや恐れがあるとみなした女性に対して、いかに強権的な摘発行為や強制検診が行われていたかを示している。しかも対象となった女性たちは、一連の過程で警察官などの関係者、時には医師からも性的侮辱行為の被害にあっている。しかし国会で問題となるのは、あくまで「一般婦女子」「明朗な勤務の女性労働者」に対する理不尽な強制検診、人権侵害であった。福田の守るべき「日本女性」からも「パンパン・ガール」など売春に従事する女性は外されていたと思われる。

このように性病予防法は、「売いん常習の疑の著しい」女性たちへの強制的な検診が主たる目的であり、それは「狩り込み」という世間に曝すような方法で行われ、性病の感染源を一手に彼女たちに負わせ、社会に差別と排除をあおる役目を果たしたと言える。

ちなみに性病予防法は、一九九八年一〇月に感染症予防法に吸収され、一九九九年四月に廃止されている。実に五〇年間、この性病予防法の条文は生きていたことになる。一九九八年感染症予防法の国会議論では、HIVやO一五七など新型感染症に関心は集中した。成立にあたって、らい予防法やエイズ予防法による人権侵害を反省する声が、複数の国会議員から出されたが、性病予防法第一一条の対象となった「売いん常習の疑の著しい」女性たちへの人権侵害が語られることはなかった（衆議院　一九九八・九・一六）。

「パンパン・ガール」に対するまなざしをめぐって

これまで見てきたように、性病予防法が急がれた背景には、戦後急増、深刻化する性売買の実態があった。なかでも占領軍兵士を相手とした「パンパン」と呼ばれた街娼は、その服装、言動での「派手な存在」が衆人の目を引き、マスコミにもたびたび取り上げられ関心を集めた。福田もこうした問題に早くから強い関心を示していた。

一九四七年一一月六日の第一回国会、衆議院厚生委員会のことである。

自由党の有田二郎が、大阪難波病院におけるリンチ事件や施設、食糧配給の問題を取り上げ、「パンパン・ガール」に対する人権蹂躙ともいえる扱いに対処を求めていた。有田と担当大臣のやりとりが一段落した後、福田が発言を求めた。福田は、「有田委員のこれに対する御同情というものはまったく安っぽい同情である」と批判し、自らの体験をもとに「パンパン・ガール」は、鉄柵がなければ逃亡するし、献身的な努力を払っても、それに答える性質を持った人間ではなく、食糧も今日の一般の事情を考慮すれば逆に恵まれていると強調した。さらに「人権尊重の名をもって待遇するという有田委員の御意見は、まったく寛大である」と一刀両断に切り捨てた。福田からこのように一蹴された有田は、福田の発言に対し、激昂することもなく「福田さんが女性としての潔癖さから、これらのパンパン・ガールを頭から毛ぎらいするということはどうかと思うのであります。

これらの鐵柵の中にいる哀れな多数の人たちにせめて食糧だけでも最小限度のものを獲得してやれるようにしていただきたい。かように申し上げたのであつて、安つぽい同情でないことを御了承願いたい」と丁重に述べた。

議員になって間もない福田が、あえて発言を求め、「パンパン・ガール」に対する見解を「堂々」述べたことには背景がある。同年の一一月一〇日付けの『夕刊新大阪』という新聞に「ヤミの女に立ちまじつて―福田昌子代議士の国会報告」という記事が掲載されている。その報告記の前書きに、福田は、六日の衆議院厚生委員会で「ヤミの女」の問題が取り上げられ、そのヤミの女たちに近づき実態を探った三六歳の婦人代議士として紹介されている。

それによれば、福田は「私がヤミの女の実体をさぐろうと決意したのは何も文学的な好奇心や宣伝のためではない、厚生委員たる自らの立場と使命感から彼女らの肉体の疾病を医すとともにその精神的な疾病をも根治したい」ためで、難波病院で一カ月間、彼女たちと起居を共にした。また、福岡の桜町病院と東京の吉原病院でも医者として接触し、福岡では深夜の博多駅や東公園、天神町でヤミの女に化けて彼女たちの仲間になるべく行動し、情報を得ようとしたとある。病院はいずれも、主に「狩り込み」などで性病と診断された女性たちがその治療、完治まで収容されていたところである。

これら病院で女性たちと接触した理由について福田は、「厚生委員たる自らの立場と使命感から」と述べているが、優生保護法や保健婦助産婦看護婦法など、多くの案件が課題として浮上していた多忙な時期である。福田があえて、変装までして街娼の女性たちに接近するなど、かなり思い切った行動をとった理由は、当初から売買春にことのほか強い関心を寄せていたこと、そして戦前から産婦人科医であったことや保健所勤務などの経験から、こうした性病に罹患した女性と距離が近く、問題意識を持っていたためであろう。

新聞に掲載されたこうした福田の現地リポートは、「殆んどがグウタラ娘」といった読者の興味を引くような見出しや構成に編集された部分もあるが、内容的には「パンパン・ガール」に対する深い同情といったものではなく、助けようと力を貸しても裏切られる、嘘をつかれる、といったかな性質の女性たちで、罹患した性病も「不正な享楽の結果として感染した病毒」といった現象的な分析と批判的感情に終始したもので、当時の福田の「パンパン・ガール」に対する認識を示している。

時期は少し下がるが、もう一つ、福田がこうした女性を視察調査したものとして、博多の「一楽」訪問がある。

福岡博多は売買春が盛んな県であった。戦前の遊廓地域を中心に、戦後も一大歓楽街、「赤線」や「青線」が形成されていた。福岡県では一九五二年一月一〇日に「風紀取締条例」が公布されたが、その施行を前に新柳町の「一楽」の視察が行われた。この視察報告が同日の『西日本新聞』に掲載されている。この「花柳の巷見学行」は「風紀取締条例が施行されると、かつての公娼制度再現にもなりかねないというので、クルワの偽らぬ姿をつかもうというのがねらい」であり、「福岡婦人懇話会会員や代議士の福田昌子女史、婦人少年局から山田アヤ女史、（中略）九大文学部助教授高橋義孝氏も特例飛入りで参加し」たというものであった。

「一楽」は当時、博多で名の売れた高級「特殊飲食店」の一つであった。記事にも「鏡の間、虹の間などいたれりつくせり？の施設に通されてさすがのご婦人連も驚嘆しきり」であったと記されている。そのなかで福田は、一行を代表し、「遊女の一人に熱心な質問を放ち」、実情を聞いたとある。この見学について同新聞に福田と高橋助教授の短い感想が掲載され、さらに後日、同じ二人から短文が寄せられているのだが、この記事に福田は、遊廓の贅沢な調度や着飾ったなまめかしい女性に、ちぐはぐとした空虚さ、嫌悪を感じると述べると同時に、男性の買春の一因として「一般の家庭に遊郭でみられるようななまめかしさがないため、男が遊里に通い始めるのではないか」と、ヌカみそくさくなる「妻として女としての反省」を求めるコメントが感想の最後に付け加えられていた（『西日本新聞』一九五二・一・二九）。これはのちに、「両性の自由と平等からはほど遠い」（森崎　一九九三）、また、「男性の性幻想の枠に男性の高橋より強くとらわれている」（篠崎　一九九三）と批判されることになる。

福田は、結婚生活は「夫婦が協力し研究して建設」するべきと考え（前掲新聞）、その努力がみられない日本の夫婦のあり方に疑問を持っており、ときどき、苦言を呈している。一九四九年に創刊され、夫婦の性生活を取り上げたことで大ヒットしたといわれる『夫婦生活』という雑誌にも寄稿を依頼されたのか、短文「赤線区域と主婦」を載せているが、日本の家庭生活の伝統的、封建的な慣習を改める必要と合わせて、末尾に新聞に寄せたコメントと同じような「家庭の主婦の反省」が付け加えられている。確かに、家父長制下で「妻」や「母」の立場に置かれる女性に対する福田の認識は、限定的なものであり、国会議員の見識としては、はなはだ貧困、お粗末と批判されてもやむを得ない通俗的な発想であろう。

一方で、福田はこうした売春に従事する女性が多数生じるのは、経済的に自立できる道が、ほかに開かれていないためであると考えており、売買春を男性の性欲に基づいた「必要悪」とする見方には批判的であり、ダブルスタンダードの性規範にくみすることはなかった。

先の寄稿文には、「売春は世間で言われるように必要な悪だろうか。これがなければ人間的な文化生活が整わないのだろうか」と問いかけ、「性欲のハケ口とよくいわれる」が、「統計によれば赤線、青線区域に出入りする男性は独身者より妻帯者の方が多い。これは赤線青線地域を好む人達が、決して性欲のはけ口としてのみでない事を物語っている。」とし、「百歩譲ってこれ等の施設や売春婦がいな」いと男性が狂暴化し、女性に暴行するだろうか。もし、そういう人がいたとしても、「それらの例外的な変態的な人物のために」必要と言えるのかと述べている（福田 一九五四）。

福田の「性」に対する考え方を知る手がかりは多くはないが、次のような文章を目にすることができる。

日本における処女性の必要以上の尊重というものは封建社会の男性が彼等の我儘と専政の為に勝手に決めたものであって、これは当然人権の尊重と、男女平等の立場において時宜に適したものに改められねばならない。封建社会では男性は妾を置くし、ほしいままの我儘をなして性欲過剰の状態であった。ところが女性に対しては極端に禁欲生活を強制して、不覚の誤ちであったとしてもこれは直ぐ姦通罪が成立するところとなり離婚の理由となった。

男性の性欲は極めて能動的で我慢出来ないものであるが、女性の性欲はいくらでも我慢出来るものであると、勝手なとんでもない生理学の空論をデッチ上げて女性の生活を不自然に拘束して来たが、今でもなおそのように信じている人がある。

勿論、女性の高い貞操観念は必要なものであり、尊いものであるが、それはあくまでも自己の身心の純潔の為にこそ価値があるのであって、処女であるかないか、初婚か再婚かで人間の価値評価が変るべきものではない（福田 一九五三）。

これは、「未亡人」問題が物議を醸していた頃、その解決策として再婚を勧めるという風潮があり、その批判として書かれたものであるが、性欲に対する考え方や「貞操や純潔」は、自己にとっての価値と言い切るなど、当時の性に対する認識としては先見的なものを持ち合わせていたと言ってよいだろう。

話が少々、本論から外れたが、これ以後、売買春禁止の法整備が政治課題として浮上していくなかで、福田は、売買春を正当化する理由として使われる「必要悪論」や一般婦女子を守るための「防波堤論」には厳しい態度で臨むこととなる。

ここで付言しておくと、先に述べた有田二郎と福田の委員会でのやりとりに言及して、藤野豊はその著『性の国家管理』で、「このような福田の認識は、以後の売買春問題に対して発言し行動する女性議員のそれを象徴するものであった。」と述べ、福田に限らず、当時の女性議員一般が同性である「パンパン・ガール」に対し、蔑視や嫌悪の念を抱いていたとしている（藤野 二〇〇一）。当然、男性議員のなかにもこうした女性に対する蔑視発言が出てくるのだが、しかし、男性が蔑視したり、逆に第三者的に同情を寄せたりすることと、女性議員のそれとは質が違うようにみえる。確かに完全な蔑《さげす》みをもつ人がいないわけではないが、女性議員の発言には、自らの女性の「性」が売買という形で踏みにじられ、貶《おとし》められることへの当事者としての怒りが読み取れる。女性の「性」を支配し、利用する側の男性の発言に同じ怒りを読みとることは難しい。ちなみに大阪難波病院の「パンパン・ガール」に深い同情を寄せる発言をした有田二郎は、その後、国会で堤ツルヨ議員の発言に「パン助黙れ」と野次を飛ばし、問題になっている。男性「性」が優位に立っている時は同情を寄せても、ひとたびその優位性が脅かされる状況になると、根深く内面化された女性蔑視が噴出するという象徴的な事例であろう。

スクラムを組む女性議員たち

一九五二年四月のサンフランシスコ講和条約による国際社会への復帰を境に、売春禁止の法整備の声が高まっていた。戦後、一九四六年に公娼制度は廃止されたものの、旧遊廓地帯を含め「特殊飲食街」、いわゆる「赤線」、「青線」地帯が形成され、戦後の貧困とGHQ占領下の「パンパン」の激増でその対応が迫られていた。一九四八年、「性病予防法」「風俗営業取締法」と並んで、政府から「売春等処罰法案」（以下、第一次法案）が提出されるが、審議未了のまま廃案となっており、その後、売春をどうなくすか、そのための法案づくりが、とくに女性議員の間で課題であった。

一九五三年になってようやく参議院で宮城タマヨらによる議員立法「売春等処罰法案」（以下、第二次法案）が第一五回国会に提出されるが、衆議院が解散となり審議未了廃案となった。これ以後、何度も同様の法案が国会に提出されることとなるが、その経過を簡単に触れておこう。

第二次法案が廃案となったのち、一一月には衆参婦人議員団が結成され、女性団体と一丸となって売春禁止法制定促進の運動が展開されることになる。これまで政府は、性病取り締まりや散娼化防止を理由に赤線黙認策を取ってきたが、再三の追及に重い腰を上げ、翌年の一九五四年二月に売春問題対策協議会を発足させた。しかし、答申はなかなか出ず、政府法案が提出されない事態に、女性議員たちはしびれを切らすことになる。

一九五四年五月、第一九回国会に、衆議院議員一二名による議員立法「売春等処罰法案」（以下、第三次法案）が再度国会に提出された。名を連ねたのは、社会党（左右）が九名で、神近市子、戸叶里子、福田昌子、大石ヨシエ、堤ツルヨ、萩元たけ子、山口シヅエ、井伊誠一、猪俣浩三、改進党が二名で山下春江、高橋禎一、そして自由党の山本勝市と超党派による法案であった。筆頭提案者は社会党の神近市子で、神近はこの法案提出以降は法務委員会担当となり、委員会で提案理由の説明を行うなど、まさに売春禁止法担当議員として奮闘することになる。

　この法案は、第一九回国会から第二一回国会まで継続審議を繰り返すこと三回、一九五五年の一月末には国会解散となり廃案、第二二回国会には衆議院超党派一九名の議員立法として再上程されることになる（以下、第四次法案）。この二次から四次までの議員立法として提出された「売春等処罰法案」の内容は、罰金額の変更等はあるが、ほぼ同じで、目的は、性道徳を破壊し、性病を蔓延させ、婦女の基本的人権を損なう売春を禁止し、国際社会で名誉ある地位を占めることであった。また、これら法案は、「売春」も「買春」も処罰の対象としていた。

　この法案推進の論陣の先頭に立った女性議員を衆議院でみると、第三次法案では神近市子、堤ツルヨ、第四次法案では神近市子、戸叶里子、福田昌子、山口シヅエなどである。第四次法案では参議院でも予備審査が行われ、その法案推進に立った女性議員には藤原道子、市川房枝、赤松常子、宮城タマヨらがいる。第三次法案の際、提案理由の説明に立ち、反対派議員の憤懣《ふんまん》やるかたない質問に答え、政府の不誠実な態度に厳しい追及をした堤ツルヨは、第三次法案の審議中に国会が解散となり、本人は再選をかけて選挙に出馬したものの落選。第四次法案の論戦に加わることはできなかった。こうした社会党系の女性議員に限らず、保守系の女性議員も法案賛成の表明をしている。その代表は第二次法案の提出者でもあった緑風会の宮城タマヨであり、その他、民主党の山下春江、そして歯切れはいま一つながら自由党の中山マサもその旨を表明している。また、政府側でも厚生政務次官の紅露みつは保護対策費の準備があり、法案の早期成立を希望していると述べたし、労働省婦人少年局長の藤田たきや同局婦人労働課長谷野せつも職業対策に全力を尽くす計画を述べ、法案成立を支持した（衆議院　一九五五・七・九）。

男性議員のなかにも売春禁止に賛成する発言が増えてくる。とくに第四次法案審議では、猪俣浩三、吉田賢一や古屋貞雄など、弁護士出身の社会党男性議員が熱弁をふるった。

さて福田のこの法案に対する立ち位置はどうだったのか。第四次法案審議の国会をみていこう。この法案は、一九五五年六月に法務委員会に付託されてから七月の採決までが山場となるが、最終的に自由党や改進党の議員を含めた超党派の議員立法として提出されており、政府与党も支持に傾き、可決寸前という緊迫した状況にあった。

この頃、福田は主に外務委員会を担当していたが、盛んにこの法案に対する後方支援を行っている。例えば、第三次法案が提出された第一九回国会の外務委員会では、国際労働条約の批准に触れて、「売春取締法案」が現下、検討されていることを前置きしたうえで、飲食業に従事する女性が多いが、彼女らが、国内の労働三法ですら守られず、低賃金のために売春的な仕事でしか生活できない実情を訴え、外国から日本は「売春王国」だと見られているが、この「売春国という汚名」を「返上する意味」でも「売春取締法」を早急につくる必要があると述べた（衆議院　一九五四・二・二四、同　三・一六）。第四次法案では、七月の審議山場に開かれた法務委員会と社会労働委員会の連合審査会で、地方の教育委員に売春業者がいること、社会の高位高官にある人や企業の重役や閣僚といった「上層部の者が売春に対してきわめて認識がな」く、高級料亭等で会合をもち、それに近いことをやっているのではないかと追及している（衆議院 一九五五・七・一三）。

　そして衆議院法務委員会で法案採決の日となった一九五五年七月一九日、それまで神近は途中から加わった戸叶里子のほかに、社会党では松尾トシ子と福田が法務委員で加わり、総勢四名の女性議員で対応した。神近は法案提出者として支持表明と合わせて、売春業者が保守系議員に資金を提供しているのではないかと指摘し、議場は騒然となる。戸叶は社会党代表として法案支持の弁舌を奮う。福田は法案に対する政府の姿勢を質す。しかしながら、それまで賛意を表していた花村四郎法相と川崎秀二厚相が突如、この法案は「基本的人権を蹂躙する」との言を持ち出し、反対議員の勢いを加速させた。こうして女性議員たちが全力を注いだ法案は、あえなく否決されることとなった。これに代わり、民主党から決議案が提出される。福田は、この決議案に社会党を代表して反対表明を行った。

　福田は、この超党派の議員立法を政府与党が十分な審議のないまま決議文で潰すのは議員の立法権の侵害であると糾弾《きゅうだん》し、国際的な立場からも売春禁止が焦眉の課題であるにもかかわらず、一九四八年以来これで五回目の法案提出をまた潰したこと、これまでの政府に売春取り締まりの熱意はなく、売春の原因たる貧困救済の政策も過去八年間、何もしておらず、予算も組まれなかったと怒りをあらわにする。そしてこの決議案は美名をもって、政府がやる意思のない売春対策を糊塗《こと》するものだと批判した。こうして福田の決議反対の、言わば恨みつらみともいえる発言が続くのだが、委員長からまだ時間がかかるのかと急かされた福田は、この法案の否決が「全国数千万にわたる婦人」を「悲観落胆」させ、男女同権であるはずの新憲法下においても「過去数世紀にわたりまして専横をきわめました男性支配の思想」が根強いことを指摘し、最後にこう結んだ。

男性議員の幾人かの方々にぜひお願い申し上げたいことは、今日その男性である特権的な意識を一日でもよろしいからお捨ていただいて、女性の地位に立って、売春婦の立場に立ってお考えいただきたいと思うことでございます。かような、今日の新憲法下におきまして平気でじゅうりんされております売春的女性の地位に自分を置いてお考えいただきましたならば、今日このような重大な法案の審議に当りまして簡単にこれを否決されまして、かような理不尽な決議案を出されるようなことはおそらくなかったであろうということを私はきわめて遺憾に思うのでございます（衆議院　一九五五・七・一九）。

当日の衆議院法務委員会の時計は、すでに夜一一時五九分をまわっていた。

こうして法案は、衆議院本会議でも否決され、売春制度を是とする議員や売春業で巨額の利を得る業者に同調した男性議員や、そして反対勢力になびいた政府によってまたもや葬られたのである。しかし、国会で決議文が採択されており、政府は、何らかの取締法案を提出する必要に迫られていた。

「売春等処罰法案」から「売春防止法」成立へ

政府は、一九五六年五月に「売春防止法案」を国会に提出し、二週間程度で委員会、本会議と可決させていく。政府法案がとんとん拍子に成立した背景には、それまでの女性議員を中心とした国会での活動と全国で展開された女性団体の売春禁止法制定促進の運動の盛り上がりがあった。しかし、その内容は、「売春等処罰法案」の目的として掲げていた「婦女の基本的人権を擁護する」という女性たちの思いとはかけ離れていた。

成立した売春防止法では、単純売春は除かれ、売春の勧誘や周旋などが処罰の対象とされた。買春した男性は何ら処罰の対象とならなかったことで、「売春婦」のみ犯罪者という社会の見方を形成したとの批判がある。しかし、その責任を売買春禁止に取り組んだ当時の女性議員たちに負わせるのは酷であろう。女性議員たちを中心に議員立法として提出した法案は、売春側と買春側双方が処罰の対象であった。確かに「売春婦」を処罰の対象とすることに、明確な理論づけは不十分であったと思われる。売春に従事する女性のほとんどが貧しく、ほかの職業では生活ができないために選択しているのだという認識は共有されており、藤原道子などは、国会で処罰の対象は主に買春側、男性を罰したいと主張していた（参議院 一九五五・七・一九）。

初期には「パンパン」や「売春婦」に厳しい目を向けていた福田昌子であるが、「誰が罰せられるべきか」では、「今の状態で売春婦を、売春を悪として罰することは必ずしも当を得ていない」、「封建的にして資本主義の社会は、必然的に売春婦を産む」のだから「彼女等の自立生活の確立、人権擁護、社会保障こそ、売春取締りの前に先行すべき」であり、「最も罰しなければならないのは、彼女達を搾取する業者、ポンビキである」と述べている（福田　一九五四）。また、「売春等処罰法案」が否決された翌年の一九五六年に開かれた「全日本婦人議員大会」では、「もとより売春婦の人たちを処罰するということは、これは人情においても許しませんし、また私ども実際の面においても処罰しないように取り扱っていくのが法の人情ある運営だ」と考えているし、法案審議では、とくに初犯においては訓戒程度にとどめることを申し合わせていると発言している（市川　一九五六）。

売春は「社会悪」であるとの共通認識があり、法案上では「売春婦」を処罰の対象とするのはやむを得ないが、実際の運用で処罰は避ける方向が模索されていたのであろう。

自分たちが作成した法案ですら苦渋に満ちたものであったし、成立した政府法案の売春防止法は目指したものとはかけ離れていた。売春を禁止した後の保護更生のための予算もきわめて不十分なものであった。成果は、強いて言えば、その第三条で国家が売買春を禁止するという姿勢を示したということであろうか。

売春防止法が「ザル法」と呼ばれるほど不十分なものであったとはいえ、女性議員たちの悲願であった「売春処罰等法案」が、政府や多くの男性議員によって何度も踏みにじられてきた一〇年近い歳月にわたる運動を振り返れば、やっと一歩前進したという思いは抱いたことであろう。

この後、全国的な運動を牽引《けんいん》した「売春禁止法制定促進委員会」は、「売春対策国民協議会」と改称し、売春防止法の完全実施を求め、「保護更生」のための予算措置や業者の転廃業推進を政府に求めるなど、運動を継続していくことになる。

業者の法案反対派議員への買収工作は、第二二回国会の法務委員会で神近が指摘して野次で騒然となったが、業者のそうした動きは、早くから指摘されており、後日「売春汚職」として問題となる。国会で幾度となく売買春の「必要悪」論を説いた民主党の椎名隆は、収賄罪で有罪となった。

最後に一つ、国会でのエピソードがある。

売春等処罰法案をめぐる国会審議で売買春反対派は、つねに、売買春を擁護する男性議員からの揶揄《やゆ》、冷笑、軽視といった態度にさらされていたが、福田が刑事局長に売春の実態について質問していたところ、局長は調べてみないとわからないといったそっけない答弁を繰り返した。この様子に気づいた法務委員会の世耕委員長は「政府側の諸君に御注意申し上げたいと思いますか、福田昌子君は法案に対して非常に熱心な研究もされ、また本案について、熱心な議論をされる方でありますから、できるだけ親切なご答弁を願うようにお取り計らいを願いたいと思います。ことに女性議員として特別な御熱意を持って……」と福田をかばい、発言しやすいよう配慮するという場面があった（衆議院　一九五五・七・一九）。この委員長は与党民主党の議員であり、発言は　福田が売買春問題に並々ならぬ取り組みをしていたことを示すものであろう。

福田は、売買春の問題に深い造詣《ぞうけい》や理論を持ち合わせていたわけでない。初期から一貫していたのは、売買春という現実が、女性の地位を低めるものであること、女性の性が売り物となり、それによって女性が貶《おとし》められることは、自らが侮辱されるに等しいという怒りを持っていた。それが福田のエネルギーであったように思われる。

その一方で、当時の女性国会議員を含めた売買春禁止の運動が当事者である売春従事者の女性たちとの共闘は図れないまま、意識の隔たりは大きかったことは事実として否めないであろう。非合法化された売買春は闇にまぎれ、「全国接客女子従業員組合連盟」に結集した女性たちもよるべを失い、雲散霧消《うんさんむしょう》した（藤目 一九九七）。

「ザル法」としきりに問題視された売春防止法は、成立から六五年近く経過するが、若干の改正が行われたものの、法の性格、内容に大きな変更はなく、今日にいたっている。社会の善良な風俗を乱すものとして「売る側」が刑事処分、補導処分の対象となり、「収容」され、「性行又は環境に照して売春を行うおそれのある女子（要保護女子）の保護更生」が規定されることで、売買春の問題当事者は売春する女性であり、彼女たちは「転落」者で、更生が必要な存在とみなされてきた。「収容」「更生」「婦人」といった文言が並び、とりわけ婦人保護事業などは、実態とはかけ離れたものになっており、現在、その見直しが政治課題にあげられている。

法律は、未来の在るべき社会、方向を示すと同時に、その制定時の社会の価値観や政治的な力関係などに制約された歴史的所産である。売春防止法は、新たな時代の女性議員たちに取り組むべき課題としてバトンが渡されている。

付言すると、法律上、買春という言葉が登場したのは、一九九九年の「児童買春・児童ポルノに係る行為等の規則及び処罰並びに児童の保護に関する法律」で、一六歳未満の児童に対する買春は禁止された。

「売春等処罰法案」を闘った女性議員たち

1956年2月3日～5日　全日本婦人議員大会　売春禁止法の早期制定を求め、全国の女性議員が一堂に会した。
市川房枝記念会監修『写真集 市川房枝』

堤ツルヨ 1913年生
1949-55年 衆議院議員
1958-60年 衆議院議員

神近市子 1888年生
1953-60年 衆議院議員
1963-69年 衆議院議員

宮城タマヨ [illegible]年生
1947-59年 参議院議員

戸叶里子 1908年生
1946-71年 衆議院議員

市川房枝記念会女性と政治センター、
日本国体研究院『日本国国会全議員名鑑』

勝って兜の緒

頬を紅潮させて興奮

福田昌子さん

連続当選四回の栄をかちえた左社福田昌子さんはすっかり頬を紅潮させて『みなさん有難う、有難う』とあとはまとまった言葉も出ない興奮ぶり。同じ一区から河野候補と左社二人の出馬だっただけに殊に苦労、いままでで一番苦しい選挙だったと告白。『選挙は終ったのではありません、明日から参議院の応援に大車輪です』と勝ってカブトの緒を締めるあたりさすがに女代議士の逸材ぶりである。

1953年　第26回衆議院議員総選挙
仲間と当選を喜ぶ福田昌子
1953年4月20日付『西日本新聞』（西日本新聞社）

第三章

看護制度改革（1）

その理想と現実

GHQ看護課と日本の看護職リーダーたち

一九四八年六月、優生保護法や性病予防法が審議されていた第二回国会の厚生委員会では、同時に、「保健婦助産婦看護婦法」が審議されていた。この法案も女性の地位や解放に関わる重要案件であった。

戦後の看護制度改革は、医療分野の改革のなかでも、その民主化を図るのにもっとも困難を伴ったものの一つであろう。まずはGHQの理想主義的な看護制度改革案に対して、日本は制度も遅れ、教育水準も低かった。また、政府の担当機関である厚生省内部でも、看護行政といった認識はきわめて薄かったし、医療関係者は封建的な意識を固く身にまとっていた。看護制度の改革にあたっては、こうしたGHQ対日本の古い支配層という構図があり、さらに看護制度をとりまく医師等の利害関係者、そして当事者である看護職は、助産婦、看護婦、保健婦というそれぞれ歴史的背景を抱えた三職種に分かれており、その内部でも期待することに違いがあった。利害や思惑は複雑に対立し、合意を見いだしていく道のりは険しいものとなった。

看護職のなかで、もっとも多数を占める看護婦の職業は、明治以降の近代化政策で医療制度が整備されるに伴い、医師の補助や病人の世話をする女性の職業として定着していったもので、戦前は、タイピストなどと並んで「職業婦人」の一つに数えられた。しかし、その内実は、医師＝男性、看護婦＝女性という性別構造のもとで、封建的な上下関係に支配され、一部の大病院の看護婦を除けば教育も不十分で待遇も劣悪であった。

保健婦は、一九二〇年代（主に大正期）、公衆衛生思想の普及とともに看護婦から派生し、数を増した職種である。都市部や農村の困窮者救済など、病院外での訪問看護や保健指導にあたり、一九三七年に「保健所法」が制定されると、公衆行政看護事業を担うこととなった。

助産婦は、「産婆」の名称で親しまれたように、その歴史がもっとも古く、看護業より医業を担う者としてのプライドがあり、独立した営業権を持っていたために、戦前まで看護婦や保健婦とは一線を画す存在であった。こうした三職種の違いはあったが、戦後の改革は、看護婦の養成および処遇を基本に、保健婦、助産婦が合わせて検討されていくことになる（亀山　一九九三、本稿ではこれら三職種を「看護職」と称す）。

当時、これら看護職の社会的地位はきわめて低く、それはそのまま女性差別を象徴するものと言えた。したがって、戦後の民主改革で、この看護職が医療界でどの程度の地位、身分、待遇を確保できるかは、女性解放のメルクマールの一つでもあった。このため女性国会議員は、この制度改革に力を注ぐことになった。

福田昌子は産婦人科の医師として、戦中は福岡や大阪の病院に勤務し、また、東京都の衛生局に所属していたことから、看護職は身近な存在であり、これらの制度改革に深く関与していくことになる。

注　看護婦、助産婦、保健婦については、二〇〇二年三月より「婦」から「師」に名称変更されているが、本稿では歴史的経過に沿って使い分けている。なお、産婆が助産婦に改称されたのは一九四七年である。

戦後、ＧＨＱの占領政策のうち、衛生分野の施策は、日本国民の健康や日常生活に直接関与することが多く馴染みが深い。発疹チフスや感染病の原因となるノミやシラミを退治するため、白い粉ＤＤＴが空中から散布されたり、児童の頭に振りかけられている映像や写真は、敗戦後の日本を象徴する光景として紹介されるが、それだけではない。日本の民主化と非軍事化を標榜《ひょうぼう》するＧＨＱの占領政策は、日本の医療制度、機構の改革に大きな影響力を持ち、今日の医療体制の基礎を形づくることになった。

医療衛生福祉分野を担当したのは、ＧＨＱ公衆衛生福祉局（ＰＨＷ）であった。そのトップに就いたのはサムス（クロフォード・Ｆ・サムス）大佐（のちに准将、以下、サムス）で、公衆衛生福祉局には予防医学課や医療課、社会保障課など一〇の課が置かれた。その一つに看護課があった。このＧＨＱ看護課を中心に戦後日本の看護政策が行われていく。期間にすれば一九四五年一〇月から一九五一年六月頃までと五年九カ月ほどのことであった。

公衆衛生福祉局を任されたサムスは、占領地日本での看護政策を遂行できる能力を持った人材としてオルト（グレース・エリザベス・オルト）大尉（以下、オルト）を看護課長に任命した。オルトは看護婦の資格を有し、大学で公衆衛生学を学ぶなど、アメリカでもハイレベルの看護教育を受けた女性であった。任命当時はアメリカ陸軍看護部隊に所属し、フィリピンのマニラにいる間に日本における看護政策の基本構想を準備していたという（大石・ライダー島崎 一九九二）。このオルトの看護思想が日本の看護改革に大きな影響を与えることになる。

GHQ看護課には、課長であるオルトのほか、コリンズやピキンズ、オルソンなど一〇人近い女性の看護職スタッフがいたが、彼女らのリードにより日本の看護制度の民主化、改革がスタートした。オルトは以後、調査、会議、講演、政策立案と日々休むことのない目まぐるしい活動を行うことになる。オルトが着任してまず行ったのは、日本の看護制度の実情を理解することであった。

オルトのまわりには、日本の看護婦、保健婦、助産婦を代表する関係者が集められた。井上なつゑ（国立公衆衛生院・日赤中央病院）、金子光（厚生省公衆保健局保健所課）、湯槇ます（聖路加女子専門学校）など、戦前、女学校を卒業後、専門学校で看護を学び、またイギリスやアメリカに留学し、公衆衛生学を学ぶなど最高の看護教育を受けた、いわば看護職のエリートたちであった。助産婦としては東京産婆会の市川イシや原田静江などがいた。また、通訳には大塚寛子（のちに千葉大学看護学部教授）、前田アヤ（のちに聖路加看護大学教授）、滝沢稔子（のちに東京大学医学部衛生看護学科助手）らがおり、将来、日本の看護界をリードすることになる若き女性陣が顔を揃えていた。オルトは改革を進めるにあたって、とくにアメリカ聖公会経営の聖路加国際病院の看護婦を信頼し、協力者にしたと言われる（金子 一九九二、以下、彼女たちを総称して便宜的に「日本の看護職リーダー」と称する）。

オルトの周囲に集められた日本の看護職リーダーたちは、当初は占領軍に対する警戒心や敗戦国

GHQのオフィス
右からオルト課長、金子光、井上なつゑ
『看護の灯高くかかげて　金子光回顧録』（医学書院）

民の惨めさもあったというが、看護職のあり方について目指す方向は、オルトらとほぼ一致していることに早い段階で気づいていく。ＧＨＱが撤退するまで、ＧＨＱ看護課のアメリカ人女性スタッフと日本の看護職リーダーたちは、日本の看護職があまりに封建的な身分関係に置かれ、教育水準も低く、劣悪な処遇を受けているという共通認識のもと、看護職の地位向上という目標に向かって看護職制度改革に取り組むことになるのである。六年近い歳月をオルトらと行動を共にした金子光は、占領軍がそれほど強権的に方針を押し付けるのではなく、現場や日本側の意見を聞く姿勢を持ち、かつ「日本の看護の改革を本気でやろうという意思もみえた」ので、自分が理想とする看護実現の可能性を感じ、鼓舞《こぶ》されたと後に記している（金子　一九九二）。

ＧＨＱ看護課のオルトたちは、厚生省の上層部や医師会の有力な医師たちといった、旧男性支配層からだけでなく、看護婦や保健婦、助産婦といったできるだけ現場の当事者である女性を重視し、彼女たちを集めて意見を聞くなど真摯《しんし》に耳を傾け、目を向けた。そして現場に足を運ぶという、GHQ職員の一貫した姿勢は、やはりアメリカの民主主義やプラグマティズムの所産であろう。日本の看護職リーダーとはいえ、男性優位の医療界で従属的な立場を強いられてきた金子たちにとって、こうしたオルトたちの男性にも堂々と意見を言い、対等に向き合う姿勢は頼もしく心強いものであった。彼女らは、オルトらGHQ看護課が自分たち日本の看護婦の味方であるという思いをしだいに強くしていくことになる。日本医師会の男性リーダーたちが、サムスの医療制度改革を「屈辱」と感じ、既得権益を守ろうと反発したこととは対照的である（二至村 二〇〇二）。一方でこうしたGHQ看護課と日本の看護職リーダーたちの親密な協調協力関係は、他の第三者には別の意味を持つ光景として映ることにもなる。

一九四六年三月には、看護教育審議会（Nursing Education Council）が設置され、看護職代表、文部省や厚生省各担当課長、医師ら関係者を集め、看護職の教育や資格、業務、身分などに関する協議が始まった。

なお、金子によれば、この看護教育審議会は、日本サイドでは、「看護制度審議会」と呼ばれており、実質二月からオルト課長を中心に活動をスタートさせていたという（金子 一九九二、同 一九九四）。

ＧＨＱのみた日本の病院と幻の「保健師法案」

オルトらＧＨＱ看護課は、日本の看護事情を把握することから始めた。厚生省各局各課から関連資料を提出させ、説明を受けると同時に、看護職リーダーたちから実態や問題点を聞いたが、戦前の看護行政に関する調査資料は少なく、聴取する話だけで全体像を把握するのは困難であった。このためオルトは金子光ら看護職を伴って、東京の病院や保健所、看護婦養成学校など関連施設をくまなく視察、さらに地方にまで足を延ばし、一年近くかけて調査を行うことになった。金子は、オルト課長と「あちこちを走り回り」、一日おきに面接して、彼女が入手した資料をもとにできるだけ正確な説明をしたという。視察したオルトの医療施設に対する印象は、「これは病院じゃない。ボーディングハウス（下宿屋）だ」というものだった。病人に付き添うのは家族で、その家族が病院の廊下に七輪や鍋、それに布団を持ち込んで食事をつくり、寝泊まりしているのが日本の現状であった（金子　一九九四、同　一九九二）。

当時の医療現場を視察したのは、もちろんオルトだけではない。サムスも自ら出向いて調査に回っている。サムスはのちに、その著『ＤＤＴ革命』で、日本の病院の現状に大きな衝撃を受け、患者に付き添うのは家族ではなく看護婦であり、病院管理者には看護ケアを提供する責任があることを自覚させる必要を痛感したと述べている。また、看護婦の現状は、その地位の低さから「小間使い」のように見えたとも言っている。

占領前の日本では、看護婦は専門職として認められていなかった。約一六万六〇〇〇人の看護婦たちは、いろいろな種類の養成コースを卒業して看護婦になっていた。あるコースでは若い娘を医師が引き取って、約一年か二年の間、掃除や洗濯のかたわら看護の仕事を教えただけで看護婦にしていた。（中略）多くの看護学校では、生徒たちは医師の小間使いとして、あるいは掃除婦まがいの働き手として使われていた。看護職が専門職として認められていなかったので、良家の子女たちに看護職につく気にさせるのは大変むずかしかった（C・F・サムス 一九八六）。

オルトらに同行した金子は、日本の病院の惨状は、敗戦後の混乱によるもので、以前はもっと良かったと必死に言い訳をしたというが、いずれにしても当時の多くの病院で、患者の世話は家族がしていたのであり、看護婦の仕事とは、せいぜい、医師の補助と施設の管理、掃除と思われており、医師の命令に黙々と従う召使のように見えたのは、まぎれもない事実であった。

こうした現状に対し、ＧＨＱが改革の方針として打ち出したのは、①日本の医療、公衆衛生関係行政のなかで看護を独立させる。②看護教育制度を整備し、その水準を高める。看護婦、保健婦、助産婦のための法律を新たに制定する。③全国的な看護職の職能団体の設立を助成することであった（金子 一九九二）。

ＧＨＱの実情調査と並行して、一九四六年三月に発足した看護教育審議会は、関係者が集まり協議を始めたが、看護職代表として、井上なつゑ、湯槇ます、平井雅恵（東京都中央保健所婦長）、金子光ら日本の看護職リーダーたちがいた。

審議会で「特に深刻な議論となったのは、看護の〝独自性〟〝専門性〟の問題と、助産業務は〝医業か看護か〟の問題で、会議はしばしば中断を余儀なくされ」るほど白熱したものであったという（金子 一九九二）。GHQ看護課と日本の看護職リーダーたちにとって、看護婦、保健婦、助産婦の教育水準を上げて質の高い看護職を養成することが何より優先事項であった。そしてオルトらGHQ看護課は、「保健婦、助産婦、看護婦の仕事は同じものだという総合看護」の考え方から、これら三職種を一本化することを主張した。

この審議会での討議を経て、一九四六年一一月にまとめられたのが「保健師法案」である。この法案では、看護婦、保健婦、助産婦は一本化され保健師とされた。この保健師は、高等女学校卒業（審議時、新教育制度施行前）を資格要件とし、その後三年ほどの専門学校教育を受けて、国家試験に合格のうえ、厚生大臣の免許を得るというものであった。しかし、この法案は実現にいたらなかった。

この法案が葬られた明確な理由や経緯は不明で、サムスとGHQ看護課との見解の相違による影響も指摘されているが（ライダー島崎・大石 二〇〇三）、日本側の関係者にとって「総合看護」という考え方を理解するのが困難であったのは事実のようである。法案の理念や方向性は、正面切って反対できるものではなかったにせよ、日本の現状からすると、この法案は落ち着きの悪い、借り物のような感じを持たれた。オルトは「総合看護」の理念について芝居や映画まで作成して理解を得る努力を重ねた。しかし、金子光もその考え方の正しさは理解しても、イメージを十分につかむことはできなかったと後年、述懐している（金子　一九九四）。オルトらにもっとも近く、理解者であるはずの金子ですらその具体像を描くことが難しかった「保健師」に対し、利害関係にある医師たちは、そんな高度な看護職ばかりでは扱いにくいという思いを募らせていた。さらに当時の中等教育機関への女子の進学率の低さを考えれば、「保健師」への道は、あまりにも遠く、現実的に差し迫った看護婦不足を解消できるどころの話ではなかった。こうして、「画期的な考え方で出発して総合看護を行うのにふさわしい制度」（金子　一九九二）である「保健師法案」は、支持を得ることは非常に難しく、表舞台に登場することはなかった。

「保助看法」国会審議へ
――発言の先頭に立つ女性議員たち

一九四八年六月、「保健師法案」が断ち消えとなった後、看護教育審議会でやっとまとまった「保健婦助産婦看護婦法」（以下、保助看法）が第二回国会に提出された。

審議経過を追うと、衆議院では六月二二日に厚生大臣より法案の提案理由が説明され、二四日から二六日まで三日間の審議が行われた後、二八日に厚生委員会で可決、同日、本会議に送られ成立した。参議院では、同月二四日に提案理由の説明が行われ、三〇日には厚生委員会で可決、翌七月一日に本会議で成立している。法案への修正はなく、ほぼ原案どおりであり、医師法案　歯科医師法案などとの一括審議、採決であった。

保助看法案に対する国会審議での論点は、次の三点があった。一つは、養成制度における教育レベルと養成数確保の問題、二つ目は、待遇の改善、三つ目は、業務内容の問題であった　衆議院で発言の中心となったのは福田昌子、藤原道子、武田キヨ、松谷天光光ら女性議員であった。日本自由党の武田キヨを除くと他は社会党の議員である。

六月二四日の衆議院厚生委員会で、質問のトップに立った福田が問題にしたのは次のようなことであった。

一点目は、「こういうように、一般の教育程度を高くさせていただきますと、この学校の制度になつてから、一体看護婦や、保健婦や助産婦になる人が現状のような数においてあるかどうか。」

二点目は、「高い教育課程になりますと、相当学費等もかさむと思いますが、そういう学費に対しまして国家は何か援助するような考え」を持っているのか。

三点目は、「高い制度の学校を卒業いたしました暁の保健婦及び助産婦、看護婦などにおきましては、いきおい待遇の改善というようなことが大きな問題となると思いますが、（中略　どういうふうに」考えているかというものであった。福田のいう「高い教育課程」とは、法案で示された看護職の養成制度のことである。法案に示された養成制度は、次のようなものであった。

看護婦は甲種と乙種の二種類に分ける。甲種は高等学校卒業後、国が指定した学校（文部省）または養成所（厚生省）で三年以上の必要な学科を修め、国家試験に合格した者で、国家資格が付与される。乙種は中学校卒業後、同じく国の養成機関で二年の看護に関する学科を修め、都道府県知事の行う試験に合格した者とされた。保健婦および助産婦については、甲種看護婦の試験資格要件を満たしたうえで、さらにそれぞれ一年の専門学科を履修し、その後、保健婦および助産婦の各国家試験に合格することが必要であった。

当時は敗戦後の混乱期であり、食糧難、住宅難そして街には闇市が立ち、庶民の生活はその日、生きていくのがやっとの状態であった。子どもに義務教育以上の学校に通わせる経済的余裕のある層は限られていた。一方で、とくに都市部は衛生状態が悪く、腸チフスなどの伝染病の蔓延、結核や性病対策、戦争終結と引き揚げによる出産増加などで、病院およびそのスタッフである看護婦、助産婦、保健婦は圧倒的に不足していた。

戦前の養成制度では、看護職の学歴は、多くが高等小学校卒業程度であった。一九四七年に教育基本法が制定され、六・三・三制の学校体系が導入されたが、高等学校への進学率は統計数値が計上されるようになった一九五〇年の時点でも女子は三六％、男子も四八％と半数に満たなかった（文科省学校基本調査）。新制高等学校は、この法案が審議されていた一九四八年の四月にスタートしたばかりであり、女子の高校進学率は三割以下だったと推測される。福田もこうした日本の実情を背景に、一気に引き上げられた教育課程についていけるのか、志望する人がいるのか、看護職の数の確保はできるのか、といった問題をまず取り上げたのである。

福田は、「現状の保健婦や看護婦、助産婦の方の待遇はあまりにも低い地位に置かれており」、そういう状況では「長い年月を要し、高い教育費を費やしてなろうという人が非常に少なくなるだろうと思う」ので、この「保健婦や看護婦、助産婦の方々の待遇を早急に大幅に引き上げる」ことが先決であると主張した。

福田は看護婦の質を高めることは必要と考えていながらも、その実現性に不安を抱いており、こうした「高い教育課程」にするのであれば、学費の補助などを国が考える必要があること、さらに教育レベルに見合った待遇を整備することなど、法律の実効性を求めていたと見られる。その一方で、法案の教育制度について否定はしていないものの、積極的に評価する趣旨の発言も見当たらない。国会での質疑では法案の問題点を追及していくものであるから、法案の教育制度は理想としては是認していたのかもしれないが、数の確保を優先し、実現性を疑問視する福田の発言には、やはり、法案の教育制度は現行では高すぎるという認識があったことをうかがわせる。

福田は、看護職の発展を阻害しているのは、「いつまでも補助の地位に甘んじていなければならない（中略）きわめて低い地位において働かされておる」ことであるから、「高い待遇」に改善することが早急に必要であると給与の格付けや手当てのことなど、具体的な問題を指摘している。主張の力点は、現在の看護職の待遇改善に置かれていた。後に続く藤原道子の主張も同じように待遇や地位を問題にしていた。

業務内容の問題についても福田は疑問を呈している。法案の第四章業務の規定には第三七条で看護職の医療行為について主治の医師または歯科医師の指示を要件としていることから、福田は「高い程度の教育施設を経てきた看護婦、保健婦、助産婦の方に、はたしてなおこれほどの厳格な医師及び歯科医師の指示というもののわくにはめて、こういう保健婦、看護婦の技術を縛る必要」があるのか、助産婦がお産で注射をし、最小限の機械的な処置を加え、看護婦が皮下注射や簡単な静脈注射をやっていることは衆人の知っていることである。したがって「ある薬の種類に限って保健婦、助産婦などが注射することを許可することが、私は最も今日の現状に当を得た方法であると思うのであります。こういうような現状と反した方法を、しかも高い教育程度を経た保健婦や看護婦さんになお強要するということは、私は非常な間違いであるということを痛切に感ずる」と述べている。

この法案によって教育レベルの高い看護職が誕生するにもかかわらず、業務内容がそれに見合っていないと強い調子で批判していた。武田キヨも、とくに助産婦について業務範囲を拡大するべきで、教育レベルと業務権限が比例していないと追及している。これに対し政府側は、「臨時応急の場合は手当てをなすことができるからそれで足りる」と答弁し、切り抜けている。しかし、福田らが問題にしていたのは、現場での運用ではなく、看護職の職務権限の範囲を確立させることであった。この法案の業務規定を見ても、戦前の看護婦規則と比べてその内容に大きな変更は見られない。看護職の業務範囲を拡大、明確化し、権限や責任を付与することで地位の改善につなげることは考えられることである。ただ、この当時、看護職当事者やGHQ看護課オルトらが、例えば、福田のいう「限定的な注射」などの医療行為を含め業務範囲として拡大、確立することが看護職の地位向上につながると考えていたとは言いがたい。当時、看護とは何かといった看護の基礎理論について、日本人医療関係者の間で共通認識が築かれていたわけではなく、法案では最低限、医師の手伝いより病人への「療養上の世話」が第一の任務とされ、専門性、独自性に比重が置かれたが、その理論や具体的な内容は暗中模索の状態であった。GHQのおひざ元アメリカでも、看護理論が確立していくのは一九六〇年代以降のことである。

もう一つ、福田が疑問を呈したことの一つに助産婦の修業期間がある。第二〇条の助産婦国家試験に関して、甲種看護婦の要件に加えて、国の指定した学校で一年以上助産に関する学科を修めた者となっているが、「助産婦というような仕事は、まじめに考えますと一年くらいの修業期間では完全な技術は覚えにくいもの」であるとし、修業期間の短いことを問題にしている。産科医として助産婦業務に身近に接してきた経験から、その知識や技術習得に高い専門性を認めていたことと、助産婦制度を肯定的にとらえていたことがうかがえる。しかし、助産婦の養成期間は、これは後日の話だが、逆に短縮されることになる。

火種を残す甲乙種看護婦

この法案で懸念されたのは、甲種乙種の二つの看護婦が病院内に併存することであった。これでは看護婦内部での身分、階層をつくることになるという批判が出されていた。しかし一方で、やはり甲種だけではその教育レベルが高く、女子の高校進学率の低い現状では看護職の需要を満たせないこと、福田が指摘するように賃金、労働時間、職場環境など待遇の低い看護職に、そこまでして目指す人は少ないであろうことが懸念された。そもそも看護婦について甲種乙種の二つに分けられたのが、教育レベルを向上させることと供給数を確保する必要性との妥協の産物であった。また、「これでは貧乏人が看護婦になれない」と言われたように、経済的に厳しい庶民が義務教育終了後、ある程度早い段階で看護婦になれる道を望んでいたのも事実であろう。

オルト率いるGHQ看護課をはじめ、その周囲にいた日本の看護職リーダーたちは、「保健師」構想は諦めたものの、甲種程度のレベルの看護婦一本化が理想であると考えていた。看護課長のオルトは、日本着任直後に「占領軍の看護改革は看護の質を向上するために努力するものであり、看護の量についてではない」とまで断言していたという（ライダー島崎　一九九〇—七）。しかし、それ以外の政府厚生省や医師など関係者にとって大事なのは理想より現実、当面、質より量であった。すべての看護婦に甲種程度の看護教育が必要とはどうしても認め難かった。これまでの養成レベルの低さや看護婦業務のイメージから抜け出ることも難しく、現実的には、従前の医師の手足となるような速成で安上がりの看護婦を必要としていた。乙種看護婦制はそうした数の確保の要望に沿うものであった。

甲乙種の養成の違いを簡単にイメージすれば、高校卒で三年の養成学校を終え、国家資格を取得したのが甲種看護婦、中学卒で二年の養成学校を終了し、都道府県知事認定の資格を得たのが乙種看護婦であり、乙種には「急性且つ重症の傷病者又はじょく婦に対する療養上の世話を除く」という業務制限があった。

GHQ看護課は、最低でも甲種程度の教育が必要と考えていたものの、社会資源の乏しい日本の現状を無視することもできなかった。この乙種の位置づけについて、GHQ看護課のコリンズは、「小さな病院や乙種看護婦がよい看護をすれば、それなりに彼らの仕事を評価すべきである。何もどちらがレベルが高いという問題ではなく、完全に異なった段階（タイプ）の看護婦」で明確に資格と職分が分けられた存在として説明し、納得を得ようとした。また、オルトは看護婦数が充足されれば将来的に乙種廃止を考えていた。しかし、GHQ看護課の想定する看護婦像を日本の医療関係者が理解し、受け入れることは難しかった。なかでも看護婦出身の参議院議員井上なつゑは、甲乙種の導入は看護婦内に身分階層をつくり、看護婦の発展を阻むことになると強く反対していた（ライダー島崎　一九九〇―七）。他の日本の医療関係者の間でもこの乙種は業務上の制限もあったことから、甲種乙種制度は、医療現場では混乱を起こさないかという疑念は当初から強かった。

社会党の藤原道子が国会でこの甲種乙種の問題について、「こうした身分法」ができて、乙種は重症患者の看護ができないのでは現場が「お困りになる」のではないか、「ずっと二本建でいく御予定」かと質問をしている。これに対し、厚生省の担当事務官久下勝次は次のように答えている。「甲種、乙種にわけた制度が暫定的なものであるか、恒久的のものであるか」については、本来であれば「看護婦として立派にその業務を行いますためには、この甲種看護婦程度の素養が必要である、(中略)できるならば甲種看護婦一本でまいりたい」と考えていたが、過去の看護婦志望者の多くが「国民学校高等科卒業程度のもの」で、かつ農村出身者であるといった日本の実情を考慮して、甲種だけでは「一朝一夕には無理」があるため、「二段階の制度」を取らざるを得なかったのであり、「今日のそういう状況から考えまして、暫定的とも思っておりません。さりとて恒久的とも思っていない。」(衆議院 一九四八・六・二四)。

官僚のそつのない答弁に感心するのはさておき、政府は、このように事態の推移を見ながら考えるが、当分の間は甲種に一本化する事態にはそう簡単にはならないだろうという見解を示していた。こうして火種を抱えたままとりあえず法案は成立した。

この甲乙二種の看護婦制については、ほかに松谷天光光が、現行の看護婦が甲種看護婦の資格を得るための教育講習の機会について質問をしているが、福田の発言は見当たらない。福田が医療現場において、甲乙種と資格や職分の異なる二種の看護婦がうまく共存し、機能すると考えていたかどうか明確なことは分からない。国会での質問内容は、同じ社会党の藤原と分担したのかもしれないが、国会で福田の口から甲乙種制に対する意見は述べられておらず、どういう考えであったのか不明である。しかし、福田は医師でもあり、やはり甲種看護婦の養成制度だけでは、現実には看護婦の需要に応え切れないと判断し、乙種程度の看護婦養成の必要性を認めていたとしても不思議ではない。

法案は衆参本会議で可決成立した後、一九四八年七月三〇日に公布されたが、二年間の猶予期間が設けられ、施行は一九五〇年四月一日からとされた。そしてこの二年間に火種はますます大きくなっていった。

この法案の性別規定について付記しておくと、この法案は、看護婦、助産婦、保健婦とされているように、資格取得の対象は「婦」、つまり「女子」に限定されていた。ただし、法の第六〇条に「男子である看護人については、この法律中看護婦に関する規定を準用する。」とあり、旧看護婦規則による看護人についての準用規則もある。この法案は、男子を排除したものではなく、当時、男性看護師が少数ながら在職していたのも事実である。しかし、法律の総則の看護職の説明では、すべて「女子をいう」となっており、二〇〇二年に「婦」が「師」と改正されるまでの五〇年以上、この看護職は女子の職業として固定されることになったと言えよう。

「へそのお」論争

戦後の看護制度改革は、ＧＨＱ看護課、日本の看護職リーダーたち、そして女性議員らが考えていたように、女性の地位向上、女性解放の一つのメルクマールとして捉えてよいものであった。というのも、これら看護職は、例外を除けばその従事者は女性であったし、その上に立つ医師は、これも後発のわずかな女性医師を除けば従事者は男性であった。まさに職業における男性による女性支配の構造の典型であった。この看護職は、女性が担うゆえに従属的で低賃金で「召使い」のような立場に長く置かれていたと言って過言ではない。したがって、この保助看法の審議の過程でもその医師と看護職の封建的な関係や差別問題がしばしば浮上する。

保助看法が審議されていた厚生委員会で福田は、質問を終えた後に、提出された法案の用語の使用について次のような苦言を呈した。

第三七条条文で「又は助産婦がへそのおを切り、かん腸を施し」という、小学生が使うような用語を使用しているのは、助産婦を軽視しているのではないか、法案では高い教育制度の助産婦を育成すると言いながら、実はその根底にはこうした精神的な軽蔑の気持ちがあることがよくわかる。まずはそれを払しょくして貰いたい。こうした幼稚な用語を使用するのははなはだ心外であり、早速訂正して貰いたいと強い口調で抗議した（衆議院　一九四八・六・二四）。

旧規則では「臍帯《さいたい》」「浣腸」であったものが、この法案では「へそのお」「かん腸」と表記された。答弁に立った厚生省の久下勝次は、用語は漢字制限で使用できなかったこと、「さいたい」ではわかりにくいため、俗に使用されている言葉を使ったと説明したが、福田は、こうした用語の使用にも敏感に反応し、それは看護職に対する蔑視が意識の根底にあるからだと噛みついた。これを福田の早とちりや被害妄想と片づけることはできない。

社会的評価の低い看護職にとって、自分たちに使われる言葉にもその差別性を感じ取るのは当然であり、福田の抗議ともとれる発言は、言わばそうした気持ちを代弁したものであろう。福田にはこうした女性差別に対して、自分が侮辱されたように敏感に反応し、それを率直に口にし、質す場面がときどきみられるが、この「へそのお」「かん腸」発言もその一つであった。これについてはその後、質問に立った藤原道子が、「先ほど福田委員の申されましたように、何としても『へそのお』というのはおかしいと思います。もう少し適当な言葉を考えていこうではありませんか」と同調し、再検討を求めた。

また、一九四九年四月二七日の厚生委員会では、東大の附属病院の看護婦問題に関連して、看護婦養成所を卒業した者のうち一三名が不採用となり、そのうち五名がハンスト中であるという事態に対し、厚生当局としての対応を求めたが、その際にも福田は、次のような発言をしている。

日本の看護婦の養成所というものを考えてみますと、民主主義の名におきまして、その制度におきましては少しも切りかえられたものを私たちは感じないのであります。昔女工哀史と言われ、女工さんをめぐつての一つの悲劇が展開されておりましたが、今日ではむしろ私は女工さんにかわるものに、この白衣の天使があるということを言いたいのであります。看護婦養成所というものは、私が見聞きいたしました範囲におきましても、非常に封建的なものが根強く食い込んでおる感を深くするのでありまして、東大の看護婦養成所が封建的であるかどうかということは、私は調査しておりませんから、断定することはできませんが（中略）封建制がそこにあるのじやないかということが考えられる（衆議院　一九四九・四・二七）。

そしてハンスト中の五人に対する対応という小手先の解決だけではなく、「日本の看護婦の養成所、あるいはまた看護婦のいろ〳〵な業態に対しますところの封建的な現われ」として考え、根本的に対処するよう求めていた。

福田には、医師の立場というより差別された女性の屈辱に共感を寄せ、それを問題として国会で取り上げる場面がある。彼女たちが従属的な低い立場に置かれていることは、同じ女性としてやはり怒りの対象であった。そうした思いが先の激しい口調の発言となったのであろう。同じ社会党議員の堤ツルヨもこの福田の発言に触れ、同じように看護婦養成所の封建性を問題視した。両者とも病院や養成所を視察しており、抽象的な指摘にとどまったものの思いは同じであった。

保助看法をめぐっては、このほかにも「女性差別発言」に関わるエピソードがある。

「保健婦助産婦看護婦学校養成所指定規則」が審議されていた会議で、「日赤産院院長・東京女子医大学長を歴任する産婦人科界の大御所である久慈直太郎が『産婆が産婆を教えられるものか』と発言」し、これに反発した鈴木隆子（厚生省看護課技官）は、ＰＨＷの助産婦係エニード・マチソンに背中を押され、臨床の現場では助産婦の先輩から教えてもらったことが役にたっていると勇気を決して発言したという（大林　一九八九）。

また、一九五一年の保助看法改正で、既得権者の国家試験廃止が問題になっていたとき、林塩は、「医師の出であると私が思った某代議士」が「だいたい看護婦なんかに国家試験というのがおかしいのだ。あんなものは金さえやっておけば働くんだよ。」と発言するのを聞き、驚くより呆れてしまったと述べている（金子　一九九二）。

林塩は、日本看護協会長や厚生省の看護制度審議会の会長を務めていたが、自叙伝で、日本赤十字社在職時代に、ＧＨＱ看護課のオルソンと調査活動を共にするなかで、看護制度に対する毅然とした態度に刺激を受けたこともあり、意を決して、上司の部長に自分を看護婦養成課の課長にするよう直談判したところ、「『看護婦が課長になるなんて、身のほどを知らぬにもほどがある』といいたげであった」と、幾度となく「女のくせに」「看護婦のくせに」といった差別的扱いを感じたことを腹立たしさを交えて述懐している（林　一九七四）。参議院議員の井上なつゑは、国会で看護職に対する差別的取り扱い、冷遇に何度も触れている（参議院　一九四八・一二・一二）。

看護職に対する軽視感は、はなはだしかったのであろう。たかが病人の身のまわりの世話をする女の仕事ぐらいの認識であり、医師には、やはり従順な「使用人」感覚が強かったとみえる。

こうした差別的言辞は、特殊個人的な例外ではなく、また医師など医療関係者に限られるものでもなかった。一般庶民にもそうした意識を内面化していた人は少なくなく、同じ参議院議員の小杉イ子は、看護職の教育に関して、大学並みの教育を受けた看護婦は格式が高くて、病人は安心して下の世話は受けられない、養成所で十分だという発言をしている（参議院 一九四九・一〇・二七）。当時の庶民の看護職に対するイメージの多くは、やはりこうした限定的なものであった。

看護職のリーダーの彼女たちですら、差別に対する不満や怒りを長年抱いていたのであり、GHQ看護課のオルトやオルソンらが男性たちに自分たちの意見を堂々と述べ、日本の看護職リーダーの女性たちに対しては、「日本の看護の未来を決めるのはあなたたち自身だ」と励ます姿を目の当たりにし、自らも勇気を持って発言し始めていたのである。

看護職の専門性の確立、位置づけがどうなるかは、戦後の女性解放の一つの目安であったと言って過言ではない。

厚生省看護課設置

保助看法が成立した一九四八年七月に、厚生省医務局に看護課が発足した。GHQの看護改革方針の一つに、日本の厚生省に看護行政を担当する部署を設置させることがあった。それが実現したのであり、明治以降、厚生省が設置されて以来、初めてのことであった。看護課の初代課長になったのは保良せきである。サムスがオルトを探していたように、オルトも日本の看護行政を任せることのできる適任者を探していた。

保良せきは、当時、大阪府の公衆衛生部看護係長の任にあった。保良は東京慈恵会看護婦教育所を卒業、アメリカに留学し、八年近く先進の看護教育や訪問介護などを学んでいた。一九二九（昭和四）年に帰国した後は、大阪で公衆衛生訪問看護婦協会を設立したり、雑誌『看護婦』を主宰している。「GHQの要求を満たす日本人看護婦は保良以外には認められなかった」という（大石・芳賀 二〇〇四）。

看護職の教育養成に高い志をもった保良は、オルトらと共に看護課長として保助看法の施行に伴う、規則の制定や講習会の開催、養成学校の整備や設立、国家試験の実施など、改革の実行にあたることになった。しかし、保良は、法律の立ち上げ時期の厳しい重圧下で、二年足らずで退任し、その後を金子光が引き継ぐことになる。

厚生省看護課の設置は、日本の医療行政において画期的なものであった。行政組織として看護課を設置させることに力を注いだオルトは、「日本政府の中に女性による部署を設置するということは、想像つかないほど困難なこと」で、「女性は、政府の役所のようなところで決して受けいれられない」とその苦悩を言葉にしていた。その男性支配層にオルトは、時間をかけて説得にあたったのである（ライダー島崎 一九九〇—八、大石・芳賀 二〇〇四）。おそらくオルトの熱意と当時のGHQの権威や圧力といったバックアップがなければ実現は困難なことであった。こうして日本の看護職の女性たちは、やっと自分たちの手で運営、指導し、専門性、独自性、そして誇りと希望の持てる看護職づくりを行える公式の場を得ることができたのである。看護課にはその精神を引き継いだ看護行政を担う若い人材が集まっていた。

既得権者の苦悩・試験の壁

保助看法成立後、二年の猶予期間が経過し、その施行の年である一九五〇年になると、にわかに保助看法に対する不満が噴出し、改正の動きが各方面から出てくる。

厚生省看護課は、一九五〇年一〇月に予定されている第一回の甲種看護婦国家試験（以下、甲種試験）の実施の準備に追われていた。日本看護協会も歩調を合わせて、会員に向けて受験を鼓舞していた。協会機関紙『看護』では、国家試験準備のための記事を毎号載せ、国家試験に関する座談会も特集した。『看護学雑誌』でも「国家試験の頁」という連載があり、受験対策の情報提供に力を入れていた。

当時、八万余の全国津々浦々の看護婦の関心を集めていたのも、この第一回甲種試験の実施であった。第一回試験受験者のほとんどは旧制度の看護婦であると予想された。新制度での甲種看護婦養成学校を卒業した者は当然、受験するとしても、第一回の試験を受験できるのは三〇〇名程度であった。

当時の看護職の人数について触れておくと、一九五〇年当時で看護婦が約八万人、保健婦が約一万人、助産婦が約六万人ほどである（いずれも実働者数で免許保持者はさらに多い。金子編　一九九二）。

旧制度下で看護職となった人たちが（以下、既得権者）、この甲種試験をどう受け止めるかは大きな問題であった。既得権者が新制度の甲種看護婦として国家資格の免状を得るには、この試験に合格する必要があった。もちろん、保助看法では旧制度下の看護職の資格は維持されており、甲種と同じ業務を行うことができた。受験は任意である。しかし、旧制度下の看護職は、この試験に合格しなければ甲種合格者より低位に置かれるのではないかという不安を抱いていた。甲乙種という新制度の枠外にいる以上、待遇も含め、その地位を不安定なものと感じるのは当然であった。既得権者は旧制度に基づき都道府県知事の認定を受けた看護職で、その登録管理は乙種と同じ都道府県の長にあった。新制度では甲種と同じ業務が行えるが、その地位や処遇に明確なものはなかった。そして何より甲種試験そのものへの抵抗感は強く、不合格であったときのことを考えれば試験はあまりにも過酷に見えた。

戦前の旧制度下で看護職となった人たちの教育程度が総じて低いものであったことは前述したが、日本看護協会が、第一回甲種看護婦国家試験から半年余りたった一九五一年の七月に会員の実態調査を行っているので、その結果を簡単に見ておきたい。

協会会員八万五〇〇〇人のうち、助産婦、看護婦、保健婦の約五万一〇〇〇人から回答を得ている。そのうち看護婦の回答数は約一万八〇〇〇である。その看護婦について見ると、まず、学歴は高等小学校卒業が六六％、高等女学校卒業は二七％となっている。年齢的には一六歳から六九歳まで と幅があるが、半数は二五歳以下となっており、現役の看護婦では若い層の占める割合が高いことが分かる。さらに八六％は未婚と回答している。看護婦の資格取得方法は、検定試験が二三％、二年養成が二九％、三年養成が二五％となっている。戦前の看護婦規則によれば、看護婦の資格免許の取得方法は、看護婦試験に合格するか地方長官の指定した養成所を卒業するかであった。検定試験を経験した人は四人に一人程度である。また、回答者の三四％が前年に実施された甲種試験を受験していることから、この回答者が協会の活動に前向きの若年層であったことがうかがえ、比較的「余裕層」と推測されるが、それでもこういう結果であった（日本看護協会 一九六七）。年齢が高くなればなるほど、甲種試験の壁は物理的にも精神的にも高かったことが推測される。

厚生省看護課およびGHQ看護課を先頭に、まずは看護職の教育レベルを上げることに全力が注がれた。全国で指導者養成講習が計画され、そこで講習を受けた指導者が、さらに各自の現場で対象者に講習を行うなど、既得権者の再教育、あるいは甲種試験受験のための勉強会とも言ってよいほどの再教育機会の確保に努力した。その取り組みへの熱意に疑う余地はない。しかしながら一、二年で全国の看護職にその手当てが行き届くかといえば、それはとうてい不可能なことであった。敗戦からまだ三、四年しか経過していない状況で、国家予算も不十分であり、当事者である看護職の実態として、厚生省が実施する講習を受講できる時間的、経済的余裕のある人は多いとは言えなかった。

日本看護協会の初代会長でもあり、参議院議員の井上なつゑは、国会で再教育の必要性とその実施のための予算の増額などを再三にわたって要望している。また、質問主意書を提出している（参議院　一九四八・一二・一一、一九四九・三・二五、同　一〇・二六）。しかし、既得権者の不安は再教育が行きわたれば解消するというようなものでもなかった。彼女たちにとって働きながら鉛筆を手にし、本を開いて試験勉強するといった行為は大きな負担であった。家族の生活の面倒などに追われて、試験勉強の時間など考えられない状況に置かれた人も少なくなかった。こうした看護職たちの要望が、試験免除の請願として福田たち社会党議員のもとに届けられていた。

試験免除の請願

改正論議に先立つ一九五〇年四月、第七回国会で福田は、「保健婦等の既得権者に対する国家試験制度廃止に関する請願」の説明に立っている。この請願は全日本国立医療労働組合から提出されたもので、その内容は、国家試験を受けるための補習教育の機会も均等ではなく不公平が生じており、この際、既得権者に対する国家試験を廃止し、看護婦の質的向上のためには補習教育を充実してもらいたいというものであった（衆議院　一九五〇・四・一八）。これ以降、福田のもとには看護職団体からの既得権者の国家試験廃止の請願が増加していく。福田は社会党議員であったことから、労働組合から受けた請願、陳情は多く、保助看法の改正にあたっても、こうしたサイドの利益擁護に立つことになる。

現場の「一般看護婦」の意見をかなり吸収していたとみられる労働組合の立場をここで補足しておこう。

当時、医療系労働組合として、中核的存在であったとされる全日本国立医療労働組合（以下、全医労）は、一九四八年一一月に結成されている。委員長をはじめ中央執行委員は、ほとんど男性で占められているが、組合員の三分の二は女性である。この全医労のＧＨＱ指導による看護制度改革に対する評価、取り組みは次のようなものであった。

新法（保助看法）によって、「看護婦は甲種と乙種（甲種は厚生大臣、乙種は都道府県知事免許）の二本建てにされ、旧看護婦免許者は甲種にも乙種にも属さない不明瞭な看護婦として既得権が無視された。これはアメリカの看護制度を直輸入したものといわれ」、看護婦に差別を持ち込み、さらに「低賃金の乙種看護婦によって安上りの医療をすることがその基本」となっている。そして、「①既得権を守ること、②甲、乙を廃止して一本化し資質を向上させること、の要求」を掲げ、「第一回国家試験を前にして全医労は既得権を守るため全員受験拒否の実力行使を決定」。日教組や国労、都労連などとの共同闘争を組み、一九五〇年の「臨時国会から通常国会と国会の会期中、各県単位に看護婦が全国から交代で上京し、それぞれ県選出の代議士を説き落していった」（全日本国立医療労働組合　一九七八）。

このように全医労は、保助看法の甲乙種制や既得権者の甲種試験受験に強い反発を示していた。

全医労も保助看法をすべて否定していたわけではない。「従来看護婦が医師の従属下にあって余りにも低い地位におかれていたのにたいし、治療と看護を分離し、養成教育を引上げることによって高めようとした積極面がある」と、GHQの民主化政策を一定評価していた部分もある。しかし、アメリカ式看護制度分断（甲種・乙種）を機械的に持ち込んだといった認識や全医労の闘いに対する「オルト少佐や厚生省の悪どい妨害があった」というように、看護職リーダーたちとは異なり、反米、敵対的な意識のほうが強かった（前掲書）。福田は請願のために上京した組合の看護職たちと会って話を聞き、問題を共有化することになった。

こうした労働組合の国会議員に対するロビー活動は精力的に行われ、一九五〇年一二月六日の厚生委員会では、各議員紹介による「看護婦既得権者に対する甲種国家試験免除の請願」が一二件提出されており、福田が代表してその説明を行っている。福田は甲種国家試験を受験できるのは、一部の恵まれた環境にある人のみで、「受験準備の煩瑣《はんさ》に耐えかねて受験の熱意を失い、職業の転換を考え、または結婚を選」ぶなど「職種を放棄する傾向があり、日本の医療業務に重大なる影響を及ぼし」かねないと訴えた。

第一回甲種試験の実施と改正論議の白熱化

第一回の甲種試験が一九五〇年一〇月に実施された。受験者は八六〇〇名で、合格者は六九七六名、このうち新制度での甲種看護婦養成所を卒業した者は三〇〇名程度との説明から、既得権者合格者は六六〇〇人余であったと見られる。この時点で試験に手の届かない旧制度看護婦が七万人はいたことになる。この試験の受験者の年齢層などは公表されていないが、状況から判断すると、既得権者の受験年齢層はやはり比較的若い人たちであったことが推測される。試験が終わった後、『看護学雑誌』一一月号に「第一回甲種看護婦国家試験を顧みて」という座談会が速報として掲載されている。その座談会に出席した六人の年齢は、二〇代前半が五人で三〇歳が一人である。ハンセン病患者の施設、長島愛生園の四〇代の男性看護師が受験体験記を寄せているが、そこには「若い娘たちに囲まれている珍風景」と記述されていることからも、それはうかがえる（『看護学雑誌』一九五一・九）。

いよいよ改正の議論が国会の俎上《そじょう》に上がることになるが、焦点は、甲乙種二種の看護婦制度と既得権者に対する甲種試験の問題であった。

厚生省は一九五〇年八月に、これらの問題に対応するため看護制度審議会を発足させた。会長の林塩（日本赤十字社看護婦養成課長）をはじめ、招集されたのは湯槇ます、河村郁（神奈川県看護婦指導所長）などの看護職リーダーたちと、聖路加国際病院院長の橋本寛敏など医療関係者であった。政府側には医務局次長となった久下勝次と看護課には金子光課長がいた。日本看護協会も研究会を立ち上げており、三月には、乙種看護婦条項と既得権者に対して国家試験を課する条項の削除を求める請願を採択し、関係方面に提出していた。また、全医労など労働組合も請願などの動きを活発化させていた。

国会でこの保助看法一部改正に向けた動きが出てくるのは、第一回甲種試験が行われた後の第九回国会、一九五〇年一一月末以降であるが、これについて国会での審議をリードしたのは、衆議院では福田昌子と松谷天光光、参議院では井上なつゑ、河崎ナツ（河崎なつ、本稿では当時の国会で使用されていた名前の表記、ナツで統一する）、藤原道子であった。

まず衆議院厚生委員会の審議をみてみよう。一一月二七日、三〇日に看護職制度に関する説明が議題として取り上げられている。質問に頻繁に立ったのは福田と松谷であった。松谷は戦後第一回衆議院議員総選挙で当選し、社会党に所属していたが、一九四八年に労働者農民党の結成に加わるも離党し、その後は無所属となっている。所属党派は異なるが、松谷の主張は福田とほぼ同じであった。

激突する理想と現実
――試験制度の是非をめぐって

既得権者の甲種試験制度に対する不満の一つは、なぜ看護職だけに再試験が必要なのかということであった。

福田の発言から引用すれば、同じ医療の分野で「医者の場合は、既得権者には国家試験というものの義務がない。にもかかわらず、保健婦さん、助産婦さん看護婦さんだけに対しては、既得権者に対しましても、新しく国家試験を受けなければならないというようなことにいたしまするとい非常な不公平を感ずる」のであり、「既得権者の資質の向上であれば、あえて国家試験をするには及ばない（中略）。厚生当局がもつと親心を持ちまして、（中略）十分なる講習をすれば、資質の向上ははかれるのであり」、それは教員や弁護士に対して行っている講習と同じ観点で考えて然るべきというものであった（衆議院　一九五〇・一一・二七）。松谷も同じように「看護婦さんだけが試験を受けなければその新しい身分の保障がないという、ここに看護婦さんに対する一つの特別な扱い、あるいはお医者様に比べて別な扱いというものが、看護婦さんに対する、極端にいえば苛酷な一つの関門が与えられているのではないか、この他の業種と看護婦さんとの間に、やはり一つの矛盾があるのではないか」と追及している（衆議院　一九五〇・一一・三〇）。

ＧＨＱ看護課や看護制度審議会の考えは、旧制度下での看護婦養成にはばらつきが大きく、その教育内容も不十分であること、医師との使用人的身分関係を解消し、専門性を高め、看護職の地位を確立していくには、どうしても既得権者が向上心を持ち、補習教育を受けるなどの自助努力を重ね、その成果である甲種試験合格という形が必要、というものであった。しかし、その理解を得るのはきわめて困難であった。審議会でも旧制度下の看護婦に甲種と同様の業務を認めていながら、甲種試験を受けるようにしていることについて、その不合理性は認識されていた。

一一月三〇日の衆議院厚生委員会では、厚生省の看護制度審議会のメンバーが参考人として招《しょう》聘《へい》された。そこでこの既得権者の甲種試験をめぐって、「一般看護婦」の現実や要求と、「看護職リーダー」たちとの理想がぶつかり合う場面が展開される。

当日、参考人として呼ばれた看護制度審議会の林会長が「既得権者に甲種試験受験の道を確保しているのは恩典である」と発言したことを受けて、福田は次のように反論している。

私が看護婦さんの末梢の方々に、一々お会いいたしましてお聞きした範囲におきましては、看護婦さんの既得権者の要望といたしまして、資質の向上に国家試験をしてくれることは自分たちの特典である、非常に喜ばしいことであると考えておられる看護婦さんは、実は一人もなかつたのでございます。そういう声からいたしますると、審議会としてお取上げになつておられる声は、一般大衆看護婦さんの声とは、非常にかけ離れて、いわば程度の高い、また非常に尊敬申し上げる高邁な思想から来た声だといわなければならないと思うのであります。そういう大衆とかけ離れた声を尊重される審議会は、この際御反省を願いたいと思います（衆議院 一九五〇・一一・三〇）。

福田は、この後も何度も「高邁な方々」という言葉を繰り返し、看護制度審議会の認識と一般看護婦との意識、実態の乖離を強調した。さらに松谷も「既得権者の中でも、日赤であるとか、あるいは聖路加であるとかいうところの看護婦さんとされては、従来の高級な課程をお進みいただけた方々に対しては、あるいは国家試験という問題は、あまり難関ではないのかもしれませんけれども、一般養成を受け、資格を獲得された既得権者の方々の間では、国家試験というものが、やはり一つの大きな関門として、今日一つの不安をもたらしておるのではないか」と審議会の看護職委員と一般看護婦との意識のずれを指摘した。そして審議会のメンバーの人選に触れ、「そのメンバーを拝見いたしますと、非常に質的にもお高い委員の方々が列席されておられるように（中略）拝見いたします。（中略）人員をふやすことができますれば、より低い人に――大分言葉が悪くなりますが、より低い教育を過去において受けられた看護婦さん、その最も試験を受けさせなければならないと厚生省がお考えになつておられるような立場の看護婦さんの代表をもなおお加えいただいて、そうして審議会を進めて行かれるのが妥当ではないか」と「平看護婦さん」の参加を要望している。また、松谷は、参考人各自に既得権者の国家試験の是非についてどう思うか質問し、三名全員から試験制度妥当との回答を引き出している。

こうして、審議会の「お高い委員さん」の「高邁な理想」と議員サイドが代弁する「平看護婦さん」の「現実的な声」という構図が浮かび上がることになった。

この日の委員会で「看護制度に関する小委員会」の設置が決定され、以後、この小委員会で改正案の内容が検討されることになった。この委員会は小委員一〇名で、うち女性議員は福田と松谷の二名、委員長は青柳一郎である。看護職出身の議員は残念ながらいなかった。医系議員は丸山直友と福田の二名である。

参議院でも同じく厚生委員会に「保助看法改正小委員会」が設けられる。小委員は五人で、うち女性は藤原道子、井上なつゑ、河崎ナツの三人である。ほかは医系議員の中山壽彦と有馬英二であった。委員長は当初、河崎でその後、藤原に交替している。藤原道子は小学校を卒業した後、印刷女工をしていたが、見習いなどしながら看護学校に通い、苦労して看護婦になった人で、病院勤めや派出看護婦としての経験を有していた（藤原　一九七二）。井上なつゑは看護職リーダーの一人であり、日本看護協会の会長であった。こうした委員会の女性議員たちが保助看法一部改正など、看護制度の命運を左右する立場に立たされるのだが、その問題に対する熱意と気迫は国会議事録から読み取ることができる。

さて看護制度審議会と福田ら国会議員サイドの立場、意見の違いは明確であったが、日本看護協会の立場はどのようなものであっただろうか。

揺れる日本看護協会

日本看護協会は、ＧＨＱ看護課の強力な指導によって設立されたもので、一九四六年　一月に日本産婆看護婦保健婦協会として発足、一九四七年に産婆を助産婦に名称変更し、一九五　年に現在の協会名となった（以下、協会）。

協会の運営の中心となっていたのは、看護職リーダーたちであった。助産婦を除けば、看護職の将来像について、この看護職リーダーたちとＧＨＱ看護課オルトらの間に意見の大きな違いはなく、かつ、看護制度審議会委員の役も兼ねていたから、協会の指導部は、おおよそ看護制度審議会と意見を同じくしていたと見てよいだろう。しかし、協会が発足して以降は、全国津々浦々の看護職が加入し、その数は八万人を超えていた。それら看護職の要求と、協会の運営にあたっていた指導部との間には意見のずれが当然生じていたと見られる。協会が一九五〇年三月に乙種看護婦条項と既得権者に対して国家試験を課する条項の削除を求める請願を関係方面に提出したことは、そのことを示すものと言える。

協会の機関紙『看護』では、会員に甲種試験の受験を促す記事をかなり掲載しているが、一方で会員の多くに試験制度への不満が生じていたことは間違いない。のちに発行された『日本看護協会史』には、その矛盾が詳述されておらず、ただ、この既得権者に対する国家試験や認定講習が最終的に廃止されたことについて、「多くの既得権者はほっとした思いで喜び迎えたが、一部には水準の低下であるとの批判もあり、本協会としては資質向上のために、再教育・研修の実施の必要性を強く主張したのであった。しかし、この事実は、後々までも取りかえしのつかない改正であったとの声もきかれた」と記されている。協会史であり、記述には客観性を要求されるが、編者が看護制度審議会の意見を強く支持していた金子光であることから、審議会委員ら看護職リーダーたちの複雑な思いを、一部の意見として書き残すに留めたのであろう（日本看護協会 一九六七）。

こうした意味では、当時、協会の会長で、協会の支援を受け参議院議員となった看護職の利益を代表する井上なつゑの国会での動向が気になるところである。

一九四八年に保助看法が成立して以降、井上は何度か発言に立ち、既得権者が甲種試験を受験するための再教育の実施や、既得権者が試験に合格した後の待遇の改善の問題について、集中的に質問している。そして一部改正が問題となった一九五〇年一一月末に参議院の小委員会委員になったものの、翌年二月から四月にかけて国会議員の研修でアメリカに行っており、一部改正が可決成立した第一〇回国会での発言はない。しかし、井上は、既得権者の甲種試験免除の要望に理解を示し、その方向で動いていたと見られ、のちに自叙伝で次のように記している。

国家試験が必要なら医師にも必要だし、医師に不必要なら看護婦にも不必要だと頑張った。政府、厚生省も、実は十万人余の看護婦を再教育するに必要な教師も予算もなかったので、私どもの主張は旱天《かんてん》の慈雨といった形で喜んで認められ、十一月だったか、正式に既得権者の国家試験は免除となったのである。

だが、このための私らの努力が、あとから看護婦の専門職イメージの低下を招いた、という批判を浴びたが、それは時代的背景を無視した発言といってよいだろう（井上なつゑ 一九七三）。

看護職リーダーとして協会の役員も兼ねていた金子光や林塩が既得権者の甲種試験を廃止したことを悔いていたのに対し、井上なつゑは国会議員として現実路線を歩んでいたのであろう。協会内部でも深い矛盾を抱えた問題であったと言える。

衆参小委員会とＧＨＱ・看護制度審議会

小委員会発足後の経過は、参議院の厚生委員会議録に詳しいので、一部改正の経過はそれを見ていくことにしたい。

一九五一年三月一九日の参議院厚生委員会の藤原道子の報告によると、衆参小委員会で改正の第一次案がまとまった経過は次のようになる。

衆参で小委員会が発足したのは、一九五〇年一一月二七日（参議院）、三〇日（衆議院）である。各院で一〇回を超える小委員会での議論が重ねられ、翌年の三月二日と八日には衆参合同の委員会を開催。厚生省の看護制度審議会、衆参各議院小委員会がそれぞれの案を持ち寄り、比較検討した結果、意見が一致し、衆議院法制局によって改正案が作成されている。三カ月にわたって議論された結果であり、名づければ衆参両院改正試案である。この改正試案はこのまま国会に提出することはできなかった。ＧＨＱ（ＰＨＷ）との交渉という大きな壁がたちはだかっていた。

ＧＨＱ看護課もこうした衆参両院の動きに注目をしていた。オルトはこの間、衆参両院の関係者を招聘し、意見を聞いている。出向いたのは、河崎ナツ委員長、藤原道子委員、青柳小委員長ほか委員三氏と会議録にはある。福田や松谷が参加したのかは不明である。さらに衆参議員のほうでも、オルト課長を参議院の議長サロンに招き「お茶の会」を開き、懇親を重ねたとある。こうした意見交換を重ねたうえでの改正案であると藤原は説明しているが、改正案の説明後、「結局翻訳ができましたら、あちらへ折衝するわけでございますが、そのときに衆議院と参議院と一緒にやはり交渉に行つたほうがいいと思うので、(中略)行つて頂く人も一つ御相談申上げて置きたい」と述べている。この「あちら」とはGHQ(PHW)のことである。改正案をもってサムスの助言を求めに出向いたのは、衆議院の青柳一郎小委員長と医師の丸山直友委員であったとされている(平岡二〇〇〇)。このPHWサムスとの交渉の後、国会に出された改正案をみると、修正が入ったのは、養成期間の関係であったが、GHQと日本の議員サイドとの考えの違いは大きかった。

衆参の改正試案では、看護職の養成期間の短縮が盛り込まれていた。現行法では六・三・三の学制に加えて三年の看護婦養成の修業であったのに対し、これを二年とする案であった。この背景には結核病棟の整備等により看護婦不足が深刻化していたことが第一の要因にあげられているが、加えて、医師会など医療関係者に「看護職にそんな長期の教育が必要か」、という看護職軽視の意識が根底にあったことは先にも述べたとおりである。しかし、これに対してサムスは、看護職の基礎教育は最低でも三年は必要という「看護職のレベルアップ」の線は固持した。国会に出された改正案は六・三・三・三制のままであった。

GHQと日本の議員サイドでの意見の隔たりはそれに止まるものではなかった。その一つは、既得権者の甲種試験についてである。衆参両院の改正試案では、小学校の教育課程から通算して一三年の教育期間、経験年数を超える者は、厚生大臣の定める講習を受けることで国家資格を得るというものであった。一三年という数字は、戦後あらたに看護婦の資格を得た者を除けば、ほぼ全員が対象となる緩やかな条件であり、全国統一国家試験ではなく講習とハードルを低くしたものであった。さらに参議院の藤原は、「全国の八万に余る旧制度による看護婦、これは国家試験なしに（中略）私たちの考え方はできるならば無条件で切換えて、そして講習は別個に、資質の向上という意味の講習を継続するということが希望であった」と繰り返し述べていた（参議院 一九五一・三・三一）。

この点についてGHQや看護制度審議会は、既得権者のレベル向上という観点から、甲種国家資格取得には試験合格が必要という立場は固持していた。しかし、既得権者の試験廃止という強い要望に押され、認定講習を国家資格取得の条件とすることに妥協したとみられる。国会提出の改正案は議員案のとおりとなった。しかし、藤原ら小委員会の、さらに「資質の向上であれば、講習は資格取得の後でもいいではないか」という意見はさすがに拒まれた。GHQやそれと歩調を一にする看護制度審議会のメンバーは、それほど既得権者の質の向上が重要課題であると考えていたのであり、試験を手放しても、せめて講習は資格取得の前提条件にする必要があったということであろう。あくまでも講習は資格取得の後ではなく前であった。しかし、占領後期、GHQ側は当初のように占領者としてその方針を強力に押し進めることはなくなっていた。法案の大筋は、議員サイドの意向に沿うものであった。そして甲乙種制は廃止され、新たに看護婦と准看護婦が設けられた。

こうして保助看法改正案は、厚生省の看護制度審議会と衆参両議院の小委員会によってそれぞれ検討され、まとめられたが、国会には、最終的に議員立法として改正法案が提出され、一九五一年三月三一日に可決成立した。

妥協の積み重ねで成立した改正法案

理想とした看護職像に対して、その現実、そして要望の乖離《かいり》は大きかった。その結果、身分関係と待遇で利益の相反していた医師と大多数の看護婦が、それぞれ理由は異なるにもかかわらず、導かれる結論は同じという皮肉な結果が生じることになった（大林 一九八九、平岡 二〇〇〇）。

まず日の目を見ることのなかった看護制度審議会での原案の概略は次のようなものであった。看護婦の甲乙種の区分は廃止し、看護婦に一本化する。看護婦のほかに看護助手を設けるというもので、既得権者の試験制度は維持の方向であった。審議会メンバーの基本的方針は、看護婦のなかに階層や身分的なものを持ち込まないことと、既得権者を含め教育レベルを上げ資質を高めることによって、専門職としての看護婦の社会的地位を確立することであった。この審議会の方針はもちろん、GHQ看護課の意向に沿うものであったし、看護助手制度は、看護婦不足をどうするのかという強い世論に押され、その需要を満たすために、あくまで看護婦とは別の職種として看護助手を容認したもので、看護助手には将来的に看護婦になれる道が用意されていた。

一方、国会に提出された議員立法による改正法案は次のようなものであった。

看護婦甲乙種の区分は廃止する。旧法の甲種に当たる看護婦とは別に、新たに准看護婦を設ける。准看護婦は、義務教育卒業を要件に、国が指定した養成所で二年の修業を経て、都道府県知事の行う試験に合格した者に免状を与える。乙種のような業務制限は設けないというものであった。乙種看護婦の「業務制限」を撤廃したのが准看護婦であった。また、先に述べたように、既得権者については、教育期間と実務経験を含め一三年以上の者は、厚生大臣の定める認定講習を経たうえで看護婦(旧甲種)の国家資格免状を得るとした。また、保健婦および助産婦の専門教育期間も一年から六カ月に短縮された。

甲乙種の廃止はどの方面からも異論はなかった。しかしながら、前述したように当時、看護婦が圧倒的に不足するという状況があり、養成に長期を要する質の高い看護婦だけでは需要に応じきれないという差し迫った現実があった。GHQサイドと看護制度審議会は、旧甲種レベル以外に職務の同じ看護婦をつくることには難色を示していたが、こうした看護婦不足への対応も無視することはできなかった。国会に提出される法案には准看護婦制度が残された。

先に述べたように、医師会は短期間に養成できる、使いやすい労働力としての看護婦を求めるという傾向に変わりはなく、一方、庶民の側からは、大学並みの長期の教育を必要とするハイレベルのものではなく、経済的に余裕がない家庭でも幅広く、女性が生涯働くことができる資格職種として選択できる道を残しておいてほしいという現実的な要望があった。また、当時の女性の結婚出産年齢がおおよそ二〇代前半というライフサイクルの問題もあった。結婚出産でいったん仕事を中断せざるを得ない当時の状況では、教育期間が長ければ看護婦としての実働は短くなることが予想された。それら現実的要素を加味して設けられたものであったが、この准看護婦制度は協会や労働組合から、同じ看護婦を差別分断するものとして、その後、反対運動が続けられることになる。准看護婦制のほかに取り得る道はなかったのであろうか。

「准看護婦制」をめぐって

福田は社会党の議員として、主に現場の「一般看護婦」の立場に立ち、既得権者の甲種試験の免除を盛んに主張した。准看護婦制の導入について、国会での発言はなく、どのように考えていたか定かではない。この改正では、医系議員が「医師集団にとって都合のよい制度作りをしようとした」という指摘がなされている。「旧制度の看護婦の利害にうまく同調」し、国家試験免除の側に立ち、看護婦数の確保を表向きの理由に、「看護力を補助する要因として短期間に養成できる准看護婦」の制度化をはかったというものである（平岡 二〇〇〇）。委員会の構成メンバーのうち、医系議員は衆参合わせても一五名中四名で多数を占めるほどではないが、発言力は小さくはなかったであろうことは想像される。

医師でもある福田は、医師サイドの要望や本音は口に出さなくても十分に理解していたと思われる。内心の思いはどうであれ、国会で「一般看護婦」の立場を代弁、擁護することに終始した福田の発言は、同時に医師の利益に反することもなかった。ここで、後々まで問題を引きずる准看護婦制の導入時における福田の動向を衆議院小委員会の議事録から拾っておこう。

衆議院「看護制度に関する小員会」は、第九回国会中の一九五〇年一一月三〇日に設置され、一〇人の委員が選任されたことは先に触れたが、委員会は以後、翌年の第一〇回国会の三月まで一〇回ほど開催されている。

主な論点は、甲乙二種の看護婦の一本化とその養成制度、二点目は既得権者の取り扱いの問題であった。

一点目の甲乙二種の看護婦を一本化することには異論がなく、看護婦資格を得るための教育制度については、高等学校卒業後の専門養成期間を三年にするか二年にするかでは、二年で合意を得た。しかし、問題は、それだけでは現実に必要な看護婦数を確保できないことと、高等学校進学が経済的に困難な者に看護婦の道をどう確保するかであった。

看護婦補助者の話が出てくるのは同年一二月一三日の第五回小委員会からである。一九五一年一月に入ると、小委員会の話がしだいにまとまり、改正要綱が作成されるが、この要綱に「看護助手制度」の導入が盛り込まれている。

この看護助手は中学校を卒業後、一定の養成期間を経て資格を付与するもので、仕事内容は看護婦と同じとされた。小委員会で政府側の説明者として出席していた看護課長金子光は質問に答えて、看護制度審議会で看護助手の話が出ているが、これは看護婦とは別職種であると述べている。小委員会での看護助手は仮称で議論されており、名称は補助看護婦や看護助手など名称が混在して議論されている。いずれにしても同じ業務を行う看護婦ではあるが、下位の位置づけであり、看護助手は将来的に看護婦になる道を用意することが妥当と考えられた。この看護助手制度について、小委員会で導入に積極的な発言をしたのは医師の丸山直友である。

丸山は戦前からの自身の経験で、「我々医師は賃金の問題で、低くて済むものですから、小学校を出た女の子をすぐ引取りまして、一年間がっちり教育してあげます。（中略）頭のいい子でしたらすぐ覚え込んで、一年もやれば立派に（看護婦資格試験に―筆者注）パスする訳です。そういう子の方が、ずっと役に立つ」という先例をもとに、今回も義務教育を終えてから「一年以上の実地教育をして、それから助手の試験を受け」る制度を主張した。そしてこの実地教育は「医師の監督の下でやる」のがよく、これには「医師会が積極的に動く」とまで言及した（一九五〇・一二・一三小委員会　福田欠席）。丸山には戦前からの看護婦養成制度が肯定的なイメージで捉えられており、医師による個人的な知識技術の伝授や住み込みによる「女中的」な役割など、医師の補助的存在として、安価で使いやすい看護婦養成が今なお捨て難かったことがうかがえる。こうした医師サイドの要望は丸山に限ったものではなく、丸山は医師たちの潜在的な声を衆議院議員として代表していたと言えよう。

ＧＨＱ文書には、九州地区の医師たちから提出された意見書が残されており、そこには、看護婦は医師に従属するものであること、保助看法の看護婦基準を引き下げること、（看護職の）統一した国家試験は望まないことなどの内容が記載されていたという（ライダー島崎・大石 二〇〇三）。GHQ看護課のアメリカ人スタッフ、オルソンが看破していたように、看護婦の専門職化のために支援してくれる医師は一部であり、多くの「医者は看護婦のコントロールを失うことに腹立たしく思っているよう」だったのである（ライダー島崎 一九九〇―四）。

福田はこの看護助手制度についてどのように考えていたのか、残念ながら丸山のような積極的な発言は残されていない。議事録で福田の発言として特定されているのは、看護婦養成制度に関する衆議院小委員会の方向性について、とくに数の確保の問題で「実態に即してやるのが重要」であり、看護制度審議会の意見の動向を気にかけ、審議会と小委員会の相互の意見交換の必要性を主張した発言ぐらいである。

若干であるが、手がかりとなるのは、この「補助者、助手」制度の導入をめぐって、一九五一年二月に入り、参議院小委員会で提案されていた「藤原道子試案」が衆議院小委員会でも議論されたときの対応である。

参議院の藤原試案とは、甲乙種の別をなくし、看護婦の一本化を図ることは同じであるが、その養成制度を高卒後二年間（六・三・三・二制）と中卒後五年間（六・三・五制）とするもので、いずれもこの養成期間を経て国家試験に合格し、同じ「看護婦」とするものであった。中卒後五年間（当初案は四年）の養成の形態は柔軟に考えられていたが、いずれにしても国家資格を持つ看護婦となるには、この期間を経る必要があった。これであれば、看護婦のなかに「身分」の異なる補助者を持ち込むことはなく、経済的に進学が困難な家庭の者も看護婦になる道を確保できるというものであった。

衆議院小委員会で、この案が比較議論されると、この案に同調したのは苅田アサノであった。苅田アサノは、共産党所属の議員で看護婦養成制度に関心を寄せ、たびたび、小委員会に委員外で出席しており、その後、正式に小委員に任命されている。二月二〇日の小委員会で初めてこの藤原試案が論議され、苅田は強くこの案を支持した。この委員会には福田は出席していないが、続く、三月二日、六日に継続審議されており、福田も出席している。しかしながら、この藤原案では早期に看護婦の必要数が確保できないという声が強く、また、丸山の「六・三から看護助手の途を開き、更に看護婦への途を開くのだからそれでよいではないか」（一九五一・三・二 小委員会）といった意見に押され、結局、藤原試案は採用されなかった。速成の安上がりな看護婦を必要とし、その養成に「情熱」を示したのは医師集団であり、その政治力が優勢であったと言えよう。

苅田アサノが、最後まで藤原試案を支持した形跡は小委員会議事録にも残されているが、福田がこれに同調したとも逆に反対したとも記されてはいないことから、とくに藤原案に対して苅田のような強い立場を取ってはいなかったと推察される。

「補助看護婦」の制度導入が承認されたのは三月六日の衆議院小委員会であったが、その後、参議院小委員会との合同打ち合わせを経て、「准看護婦」という名称で合意している。

福田の思いは推し量るしかないが、福田は国会でたびたび、看護婦の養成制度の封建性や待遇の悪さを女工哀史に例えるなど、その改善を主張していた。しかしながら産婦人科医として、同じ医師たちの「安価で手軽な看護婦の確保」という潜在的要望に無条件に賛同はしていないにしても、それを真正面から批判するような発言も見当たらない。同時に、苅田アサノのような藤原試案への積極的な支持発言を探せないことから、やはり医師会の動向、思惑を少なくとも静観あるいは黙認していたと解するのが妥当であろう。

福田にとって看護婦の必要数を確保することはやはり優先事項であり、既得権者の甲種試験廃止問題を含め、現実主義者として対応していたと言えよう。看護職の専門化、独自性をあくまでも追求するオルトらGHQ看護課や看護制度審議会の思いをくみ取り共感するには、あまりに立場が異なっていた。

看護制度・衆参小委員会の女性議員

藤原(山崎)道子 1900年生
1946-48年 衆議院議員
1950-74年 参議院議員

苅田アサノ 1905年生
1949-52年 衆議院議員

松谷天光光 1919年生
1946-52年 衆議院議員

市川房枝記念会、
岡山女性史研究会編『近代岡山の女たち』三省堂

GHQ撤退と厚生省看護課廃止

こうしてさまざまな利害が入り乱れたうえで、改正法案は成立した。既得権者に対する認定講習制度は、その後、国会でも予算や実施方法をめぐって議論されたものの、結局一度も実施されることなく、改正から七カ月後の一一月には、さらに一部改正が行われ、講習制度も廃止、無条件で新制度と同様の資格免許が与えられることとなった。その背景には、あれほど既得権者を含めた看護職の質の向上にこだわったGHQの影響力の低下があったことは否めない。これによって成立した法律が現在にいたるまで効力を持つことになった。

この五年近い議論のなかで成立した改正保助看法は、当時の日本の現状を考えれば、こうした形で落ち着くほかなかった苦渋の選択だったのだろうか。審議会のメンバーであった林塩やその支持者であった金子光は、その後も既得権者の試験を廃止したことは、看護職の地位向上にマイナスであったと批判している。看護制度改革の研究者のなかでも「本来なら自分たちの地位の向上のために改革を推進すべき側にある大多数の一般看護婦たちが、専門職看護婦の誕生を妨げる側に立ってしまった」（平岡 二〇〇〇）、「看護職の自立と地位の向上を意図する保助看法の所期の目的は、一歩後退した」（大林 一九八九）と厳しい評価がなされている。

いったい誰のための改革、議論であったのか。旧制度下の看護婦や医師会など、それぞれが現実的な利益を少しずつ享受することで、とりあえず落ち着いたとみるのはあまりに寂しい議論である。この一連の看護職制度の改革が、日本の医療史のなかでどのような意味を持つのか。それを論じる力量はないが、オルトたちGHQ看護課を筆頭に日本の看護職リーダー、そして女性議員を含め当事者である看護職や多くの女性たちは、看護職制度の改革は女性の地位向上の問題であり、保助看法の制定は、その第一歩となるべきものと考えていた。しかし、その後も看護職の待遇の劣悪さや社会的評価の低さは問題として残されることになった。前述したように日本看護協会などは、現在にいたるまで准看護婦制度の廃止を掲げている。しかし、同時に看護職の専門性が徐々に認められるスタートを切ったことも事実である。また、看護職が経済的に自立できる資格職種として、多くの女性たちに道を開いてきたことも確かである。

准看護婦制度は制度化以降、急速にその数を伸ばし、一九六〇年代後半には看護婦数を上回った。しかし、七〇年代以降は、経済成長や女子の進学率の向上でしだいに看護婦養成にシフトし、一九九〇年代には看護系大学も増加。現在、准看護師の数は看護師の三分の一となり、看護職における割合は低くなっているという（『保健師助産師看護師法60年史』二〇〇九）。看護職の専門職化が日本の医療界に浸透するのに三〇年以上の歳月を要したことになる。

改正保助看法が成立した頃、看護職のハイレベル化を標榜し、強力に推し進めてきたGHQ看護課も占領政策からの撤退を準備しつつあった。それは日本の看護職にとって、自らの手で模索しなければならない、新たな闘いの始まりであることを意味した。

一九五六年、厚生省看護課は廃止された。『看護協会史』には、「占領軍のおとし子」といわれた看護行政に対する風当りは、昭和二七年占領解除とともに次第に強くなり」、医師会の「看護教育を低下させて、低賃金による看護者を得ようとする」動きと対峙することになったと記されており、当事者である看護職女性たちの差別との闘いに終わりはなかった（日本看護協会 一九六七）。

第四章

看護制度改革（2）

金子光とオルト

「パンパンガール」的発言

保助看法の一部改正が国会で議論されていた頃、厚生省の看護課長の職にあったのは金子光であった。保良せきが一九五〇年六月で退任した後、金子は第二代看護課長として、この国会論争に巻き込まれていく。金子はGHQ看護課のオルトらにもっとも近い立場におり、看護制度に関する考え方も看護制度審議会と同様であったことは前述したが、そのことがいろいろと物議をかもすことになる。

金子は、保助看法一部改正法案の国会審議で、厚生省担当課長として国会に出席して説明に立つことが何度かあった。その金子は、改正法案の准看護婦制度の導入や既得権者に対する甲種試験廃止に対しては反対意見を強く主張していた。その彼女が国会議員から、役人としての言動を批判された当時のことを回顧して、著書『看護の灯高くかかげて』で次のように述べている。

私たち看護課の職員が、看護団体の集会に行ったり、看護学校に行って、「現在国会で法律改正が議論中で、自分たちはこういうことを考えてやろうと思っているけれど、国会でいろいろ言われているため、なかなか思うようにできない」ということを報告するのだが、それがいつの間にか国会議員の耳にも入っていて、厚生委員会の中でまた追求されるという問題が起きた。（中略）

そして、「行政府たるお役人がこの法律案の改正に対しまして、虎の威を借りて、袞龍（こんりょう）の袖に隠れて、ご自分の意見を主張するのはどういうことだ」と追求して、「自分が日本人であるという誇りを失いつつあるところの、『パンパンガール』的な言動をとっておる人」がたくさんいて残念だというのである。「金子課長は、あくまで日本の看護婦さんたちのための課長である」ことを十分にわきまえてもらいたいという言い方で、私が「パンパンガール」のようなやり方をしていると言って批判するのである。

つまり、私がＧＨＱを笠に着ていろんなことをやっているのではないか、あなたは日本の看護課長なのだから、アメリカの言うなりになるな。アメリカの言いなりになってレベルの高い看護婦ばかり作ろうとすると、農村の娘たちは看護婦になれないじゃないか、という。農村の人たちが看護婦になれないわけではないが、甲種看護婦になるための資格要件を短絡的に捉えて発言するから、そういう言い方になるわけである。

私は、こういう発言をするようでは、国会議員もレベルが低いなと感じた（金子 一九九四）。

ここで引用されている行政府のお役人、こと看護課長への苦言の発言主は福田昌子である。一九五一年三月三一日の衆議院厚生委員会でのことであった。この日は、議員立法として提出された保助看法一部改正法案が、衆参ともに厚生委員会および本会議で成立した日である。委員会での福田の発言は、長い熾烈《しれつ》な議論の末にやっと成立の運びとなった改正法案について、この日にいたるまでの経緯を感慨を込めて述べたものであった。一部改正法案が、主に衆参両院の議員と厚生省看護制度審議会との対立という構図で進められていたことは前述したが、この過程で福田は官僚不信を高めていた。

福田は、従前から官僚の姿勢に対する不満をたびたび述べていたが、この委員会でもこれが吐露《とろ》される。福田は、法案について内容的にはいろいろ不満は残ったが、占領下ではある程度妥協はやむを得なかったとし、成立までの半年間の各委員の献身的な努力をねぎらうと同時に、次のような官僚批判を展開した。

「日本の行政機関でありまするところのお役人は、口では公僕というようなことを申しておられまするが、実質におきましてはなか〳〵さようで」はなく、「この看護婦法をめぐりまして、その姿が如実に出たということを、私どもは認めざる」を得ない。「ことにこのお役人が相もかわらず官僚独善的な、また国民の上に位するがごとき、さらにまた国会の上に位するがごとき感じを従来持つて」いたが、この法案の審議でもその点がはっきり出たと述べ、行政府の役人が立法府を軽視していると批判した。それに引き続き、「看護婦法の問題におきましては、ことに立法府とあるところの国会の上を越しまして、行政府たるお役人がこの法律案の改正に対しまして、とらの威をかりて……」と金子が引用したような発言を行ったのである（衆議院 一九五一・三・二一）。

ＧＨＱ看護課や看護制度審議会、そして厚生省看護課のメンバーが志を同じくし、純粋に看護制度改革に力を尽くしていたとしても、異なる組織でコミュニケーションを欠いた、しかも対立する意見を持つ立場の者には、金子ら日本の看護職リーダーたちの主体性は見えず、やはり、ＧＨＱというとらの威を借りて、言いなりになっている、極端に言えばご機嫌を取っているように見えたのであろう。福田は政府が設置する審議会に対して「審議会なるものが、とらの威を借りたきわめて非民主的な傾向を持つておるということを、私どもは非常に感じているのであります。ことに看護婦制度審議会なるものは、その代表的なものであつたということを感じます」と、後日、改めて述べ、審議会への不信を明らかにしている（衆議院 一九五一・五・一九）。当時、占領政策でGHQが絶大な力を持っており、GHQをバックにその政策を推進する政府や設置される審議会に対して、「とらの威を借り」てという見方や言いようは、とくに野党内ではありふれていたであろう。問題は「パンパン」的という表現である。

「パンパン」に対する世間の視線には、元敵国の男の腕にぶら下がり、平気で性を提供する民族の裏切者的な見方があった。それは、とりわけ日本の男性が、自国の女が元敵国の男に媚《こび》を売り、性的関係をもつことへの不快感を表すものであり、そこには民族主義と女の性は男が支配するという家父長的な思考の両者が入り混じっていた。同時に、日本の女性たちのなかにもそうしたナショナルな意識は共有されていた。福田の金子に対する発言は、「パンパン」を「日本人であるという誇りを失い」、占領軍アメリカに利する存在として見ていたことを示している。

福田の不信感や怒りもかなり沸点に達していたように見えるし、辛辣《しんらつ》、挑発的な物言いは多分に福田の性格によるところが大きいのかもしれない。参議院の同じ社会党議員である藤原道子も同様の官僚批判の発言がある。例えば、「私は法案の審議の過程におきましても、非常に厚生省の看護課或いは看護婦審議会、三婦協会等との意見が食い違つて、対立的な空気になつたこともあるのであります。そういうときに、私は厚生省の看護課は日本の看護課だろうか、アメリカの看護課だろうかとさえ疑義を持つたくらいであつたのでございます。」また、オルトさんが厚生委員会に至急会いたいと言っているというので出向いたが、「審議会の人たちの意見そのままを向うから強制されて、オルトさんの意思によつて私たちを抑え付けられようとするような手が打たれた　中略）と感じられたこともあつた」と、やはり厚生省看護課や審議会への不信を述べている（参議院　一九五一・五・二三）。しかし、藤原は厚生省看護課のそうした姿勢を国会の場で「パンパン」と結びつけて表現してはいない。

政府側と野党議員の両者の寄って立つ立場や改革の方向性、方法の相違は、この看護制度に限ったことではないが、両者が信念や情熱を強固に持っているだけに、ちょっとした言動でも軋轢《あつれき》や誤解、不信となって表出することになる。この看護制度改革に関わった、とくに女性議員たちが看護制度審議会や厚生省看護課に不信を抱き、さらにそれがＧＨＱと一体になっていると見ることで反発を強めていたことは確かである。

国会での発言では、自分の主張の正当性を強めたり、相手の不備をより挑発的な用語を使用して攻撃するのは、ある意味、常套手段であろうが、いずれにしても福田のこの「パンパン」という用語を含めた不穏当、不適切な発言が、言われた当人の神経を逆なでする、侮辱とも受け取れるものであったことは間違いなく、金子も回顧録で名前こそ出さないものの、そのことを記して長年の

「怨念《おんねん》」をはらしたかったのであろう。

「パンパン」発言に少し付言しておくと、福田に限らず当時の国会議員の発言の多くに、「売春婦」を差別し排除する傾向がみられる（衆議院　一九五四・五・二七）。それは男女を問わない。売買春禁止の先頭に立った女性議員は、個人差はあれ家父長的な性道徳に絡め取られており、「売春婦」は、その性道徳を逸脱する存在であり、性のダブルスタンダードの一方に位置する、自分たちとは切り離された他者としてのまなざしを超えるものではなかった。さらに「パンパン」に対しては「売国奴」的な見方が加わり、戦後占領支配は女の性にさらなる分断と烙印をもたらしていたと言えよう。

福田は、売買春禁止を強く主張する一方で、「性を売る」女性に対する「侮蔑・排除」の言動がことさら表面化しているように見える。それは女性に対する偏見や差別意識の強い当時にあって、彼女らを切り離す言動を行うことで、福田自身の出身階級や女性医師、女性議員という社会的立場を守ろうとした姿のようにも映る。

そして、こうした発言が誘発したわけではなかろうが、問題はさらに五月の国会へと発展していく。

金子看護課長発言問題

一部改正法成立後の国会では、議員サイドの関心は、もっぱら既得権者に実施される甲種試験に代わる認定講習の予算の確保やその実施の方法など具体策にあった。福田もこの点について、かなり細かく政府側を追及している。厚生省も省令づくりなどに着手していたが、その姿勢に議員サイドはイライラしていた。

口火を切ったのは松谷天光光であった。松谷は厚生省看護課の職員が公の席で、国会議員の横やりで看護婦の地位向上が阻まれた、認定講習は時間がかかる、試験のほうが近道だと「改正法案の精神と全く逆を行く」発言をしていると批判した（衆議院　一九五一・五・一九）。委員会に遅れて登場した福田も、同じように四月下旬に行われた三婦協会（日本看護協会）における厚生省側の発言を問題にした。

（厚生省看護課職員が　筆者注）国会議員や労働組合なりが、せつかくのいい法律をがちやくに改悪した、こういうような改悪された法律をやつても、この認定講習なるものは厚生省で積極的にやる気がない。結局ひまがいるから、国家試験を受けなければならぬ、皆さん方が国家試験を受けなければ、結局準看護婦ぐらいの待遇しか与えられないのだからというような意味の話をされたということを二、三の人から聞いております。（中略）国会がこういう国民のためを考えた法律をつくりましても、行政府である厚生省自体が、そういうような実に悪辣な手段をもつてこの行政措置を妨げるというようなことになりますと、国会の権威はどこにあるかといわなければならないのであります（衆議院　一九五一・五・一九）。

この件については、参議院厚生委員会でも藤原道子が同じ内容の質問を行い、藤原と金子看護課長の間で質疑応答が繰り返されている。厚生省側の発言の真偽については、厚生省で調査が行われることになり、報告書が提出されているが、その間の経緯をこれも金子は、後日、開き直ったように強気で次のように記している。

国会議員たちの態度があまりにもひどかったし、准看護婦を作られては困ると思っていたから、私は「看護助手と看護婦だけでいい、看護婦に階級を作ってはいけない。准看護婦の制度は間違っている」と確かに言っていた。言ってはいたけれども、調査されてそれを肯定するわけにはいかないから、そういう発言はしていませんという形で、私と看護婦係長だった須古都さんの二人が陳述書を書かされて提出したが、それがまた議員たちには気に入らなくて、金子課長は辞めさせろということになるのである。

毎日のように厚生委員会に呼び出され、医務局次長の久下勝次さんと二人で説明に行った（金子　一九九四）。

提出された調査報告書と国会での質問から推察すると一連の問題は、おおよそ次のようなものであった。

発言者として調査対象となったのは金子看護課長と同課看護婦係長の須古都であり、彼女たちが改正法案成立後に日本看護協会の定期総会や病院の講習会で行った発言内容が問題とされた。報告書では、厚生省側では議員が指摘するような改正法律に反するような明確な発言はなかったこと、講習の予算の確保や実施に時間がかかるという説明はしたこと、協会での須古係長の発言は、一会員として参加したものであり、厚生省の現状を聞かれたのでそれに答えたのであり、須古個人としての意見を述べたとした。ただ、「認定講習の制度は研究会及び医療組合の圧力によって生まれたものであるという」須古の発言は、「研究会及び医療組合の熱心な要望によってこのような制度が誕生した」という意味であると前回の発言を修正しているところをみると、看護課職員が既得権者に対する甲種試験の免除や認定講習制度実施を推進した側（団体）に批判的な発言をしたと受け止められていたことが分かる。須古のいう「研究会」とは日本看護協会のなかに設置された保助看法の改正に関わる研究会のことであろうか。

この問題は議員サイドにしてみれば、藤原が言うように、こうした厚生省の担当者の発言が地方の病院でも混乱を生んでいることがまず第一に大きな問題で、さらに「婦人議員が労働組合員におだてられて、ああした下らない法律の改正をやった」、あるいは「婦人議員の考えなんというものは大したものじゃない。これからの選挙にはよほど気を付けて選ばなければ駄目だ」といった声が聞かれるから、婦人議員の尊厳にかけて徹底的に調べる必要があったのである（参議院 一九五一・五・二三）。

厚生省側の金子看護課長を筆頭に、当事者であった看護課の女性職員にしてみれば、事前講習会の実施など、これまで積み上げ、心血を注いだはずの既得権者への甲種試験制度が免除となり、認定講習に取って代わられたことは、とてつもなく口惜しいことであった。そうした思いが総会や講習会の場で口をついて出たのであろう。しかし、行政府の職員であればやはり、個人の意見を抑え、発言に慎重を期すことが要求された。

この一連の厚生省看護課職員の発言騒動は、今、こうして振り返ったとき、単なる茶番や未熟さのせいと片づけるのではなく、政治の意思決定過程を女性が主体的に担った数少ない事例のひとつであり、女性が政治力を獲得していく過程として読み取っておきたい。

金子光その後

さて、この金子光のその後について紹介しておきたい。戦後直後から一貫して看護制度改革に関わり、国会で福田ら女性議員と意見を異にし、相対峙することになった金子は、その後、自らも国会議員となった。

金子は一九一四（大正三）年生まれで、福田より二歳若いが、ほぼ同年代の人である。東京生まれでミッション系の女学院を卒業した後、当時、唯一の看護専門学校であった聖路加女子専門学校へと進学。さらにアメリカのロックフェラー財団の招きで公衆衛生の勉強のためカナダに留学した。

帰国後は、東京市特別衛生地区保健館に保健指導婦として就職。一年後の一九四一（昭和一六）年には厚生省人口局総務課に採用されるが、当時、行政府で働く女性は雇員、傭員で正式採用はなかったという。金子は日本で初めての女性任官者として新聞に紹介されている。こうして戦時中は厚生省職員として働くことになる。福田も戦中は、東京都の衛生局で技官として働いており、同じ分野の仕事に携わっていたことになる。そして、敗戦を迎える。厚生省公衆保健局に所属していた金子が、ここでGHQ看護課長のオルトと会い、彼女の指導のもとで日本の看護改革にあたることになったのは前述したとおりである。

この敗戦を境に大きく人生が変わった人は多いであろうが、この金子も福田もそういう意味では運命的な選択を行っている。福田は選挙に出て、衆議院議員の道を歩み、金子は厚生省でGHQ看護課と共に看護制度改革にあたる。しかし、この分岐の時期、一つのエピソードがあった。

看護制度改革が議論されていた同じ頃、一九四七年三月に厚生省に児童局が設置されている。この局の課に母子衛生課があり、その初代課長に任命された瀬木三雄は、課の人事を考えていた。そのときの瀬木の話が次のように残されている。

母子衛生課ができることが決まり、人的構成を考えているとき、瀬木の元へGHQ筋からスタッフには女性を入れるように、との勧めがあった。

瀬木の話。

「省内の先輩と相談して、二人に話を持っていったんですが、ふられてしまいました」

一人は、東京都新宿区の大久保保健所の女医・福田昌子。「しっかりした女医さん」というので電話したが、選挙に出馬するため郷里の九州へ帰っているという返事だった。（中略）

もう一人は、厚生省技官の金子みつ。瀬木は「自宅まで押しかけて行って、大部くどいた」のだが、承諾を得られなかった。その当時、看護婦担当課が作られる動きもあったためで、

（後略）（西内 一九八八）

児童局母子衛生課の担当候補者として名前の上がった二人であったが、この時点で出会うことはなく、それぞれ別の道を進み、国会で「衝突」することになるのだが、この二人には、何か因縁めいたものが感じられる。

金子は厚生省看護課長としてその職務にあたっていたが、一九五六年に看護課が廃止され医事課に統合された。金子は看護参事官となるが、一九六〇年には東京大学医学部衛生看護学科に助教授として赴任し、厚生省から離れている。厚生省の職員から東大の助教授へと転職し、自分の専門分野を発揮できる仕事を続けていた金子だが、さらに転機を迎える。

一九六九年七月、金子は東京大学を辞め、その年の一二月、社会党から衆議院議員総選挙に出馬した。きっかけは、その年の一月に成田知巳社会党委員長から女性議員を増やしたいと衆議院議員に出馬要請されたことであった。このときの候補者には、ほかに同志社大学講師の土井たか子がいたという。金子は、大学を辞して、政治家への転身を決意した。その理由について、東大で衛生看護学科がなくなり、保健学科となるなど看護学科の位置づけに不満をもっていたことのほかに、

「厚生省時代に行政より政治だということを痛感していたことも、決心の一因になっていた」と述べている。しかも看護課長時代激論を交わした福田や藤原などと同じ社会党を選択している。なぜ社会党からの出馬を決意したかについては、「一言で答えるならば、非武装中立を柱としていたからである。それは私のキリスト者としての信念からきているもの」で、社会党には賀川豊彦さんなどキリスト教社会主義者が多かったことを挙げ、「もし、社会党よりも先に自民党から勧誘があったとしても、私は出馬しなかったと思う。戦争反対、平和を守る、弱者の立場に立つというのが私の基本的な考え方だった」からだと説明している（金子 一九九四）。

金子みつ 1914年生
1972-90年 衆議院議員
『看護の灯高くかかげて　金子光回顧録』（医学書院）

金子は一九六九年の第三二回衆議院議員総選挙では落選したが、一九七二年の衆議院議員総選挙で当選。以後一九九〇年まで、六期一七年間にわたって金子みつの名で国会議員として活動した。主に厚生行政に関与したことは言うまでもない。引退前の一九八六年からは社会党副委員長を務めた。

金子が政治家を志したとき、福田の姿は国会になかった。しかし、看護課長として政府側の答弁に立っていた時、目の前にしていた福田、松谷、藤原といった女性議員の姿は、彼女の脳裏に刻まれていたことであろう。「行政よりも政治だと痛感」したのは、この保助看法改正をめぐって厚生省の役人としての苦い経験から出てきた言葉である。

金子が政治家に転身したときの決断は、こうした福田ら女性議員とそう大きく隔たっていないように思える。当時の政治に志をもった女性たちには、自らの問題は誰かがやってくれるものではなく、自分たちで立ち上がり、自らの手でやらなければならないという共通した思いがその心奥深くに横たわっている。

金子は、二〇〇五年に九一歳で亡くなっているが、『日本看護協会史』や『初期の看護行政』など、自らが体験した看護制度改革などの貴重な歴史を詳細に書き残している。生涯をかけ看護職の地位向上にその情熱を傾けてきたことに、今さらながら感服させられる。

議員引退後にまとめた著書『初期の看護行政』のまえがきには、「清水寺の舞台から飛び降りるほどの決意で行った看護制度の抜本改革」について、彼女の使命は、「看護教育水準を低め、安価な看護婦を養成せよ、と口に出してとなえ、圧力を加えてくる関係者の手から（看護職を）守り抜」き、「今日まで、制度の根本理念を動かすことなく保持」することであったと書かれている（金子　一九九二）。

ＧＨＱの女性スタッフたち

医療界の戦後の法律改正、体制整備のなかで看護職制度をめぐっては、激烈な議論が交わされ、多くの女性たちの情熱が交錯してきたことをたどってきた。最後に看護制度改革を担当したＧＨＱのＰＨＷで看護課を率いたオルトについて触れておきたい。戦後の民主化、とくに女性解放、男女平等施策の分野でＧＨＱの女性担当官が活躍したことは知られている。

日本に駐留した占領軍の数は、正確な数字は特定できないものの、一九四五年当時で推定四〇万人。しかし、その数は翌年二〇万人、一九四七年には一〇万人と治安の安定とともに急減したと言われる（竹前 二〇〇二）。その多くは実戦部隊であり、そのなかには、アメリカ陸軍女性部隊があった。アメリカでは一九四二年にアメリカ陸軍女性補助部隊（ＷＡＡＣ）が正式に発足し、さらに一九四三年七月には正規軍である陸軍女性部隊（ＷＡＣ）が設立され、日本占領にあたって二〇人の女性将校が派遣された（上村 二〇〇七）。ＧＨＱの中央のスタッフは約二〇〇〇人いたと見られている。そのうち女性の数は正確に把握できないが、六〇名ほどはいたという（ベアテ 一九九五）。きっかけはオルトのように戦時中から軍所属で階級を持ち、そのなかから選抜された女性もいれば、アメリカ国内での人材募集に応募して民間から占領政策に参加した人もいる。この女性スタッフで名前が知られているのは、憲法に両性の平等を入れた民政局のベアテ・シロタ・ゴードン、婦人参政権の普及に全国行脚した民間情報教育課の課長エセル・ウィード中尉、財閥解体など経済政策で手腕を発揮したエレノア・M・ハドレーなどであろう。ベアテとハドレーは、それぞれ『一九四五年のクリスマス』と『財閥解体GHQエコノミストの回想』という著書があり、GHQでの活動を詳しく知ることができる。ウィードについては、上村千賀子著『女性解放をめぐる占領政策』に紹介されている。

しかし、この戦後の看護制度改革でもっとも大きな影響力をもったGHQのオルト大尉（のちに少佐）も忘れてはならない人の一人である。おそらく女性のスタッフが多くいたのはウィードのいた民間情報教育課と並んで公衆衛生福祉局であったと推察されるし、看護課には一〇名ほどのアメリカ人看護婦のほか、通訳、秘書などの女性スタッフがいた。公衆衛生福祉局長サムスも占領政策のスタッフが不足し、アメリカの病院や大学にスタッフを募集したというが、こうした募集に有能で活躍の場を求めていた若い女性がたくさん手を挙げることになった（C・F・サムス 一九八六）。ハドレーもベアテもGHQの日本占領政策スタッフ募集に応じた人である。民主主義や男女平等では日本よりはるかに進んでいたアメリカとはいえ、こうした女性たちもまだまだ本国で性差別にさらされ、女性であるがゆえの生きにくさを抱えており、機会の不平等から能力を発揮できる場は限られていた。

GHQの占領史を研究している竹前栄治は、そのスタッフの来歴、資質等を調査し、「もちろんスタッフのなかには権威主義的でつまらぬ人間もいたが、占領体制という特殊な状況のなかでは、概してスタッフは上質であった」と高く評価している（竹前 二〇〇二）。こうした女性スタッフたちも同様、もしくはそれ以上に純粋で高い志、情熱を持っていたことは、その実績からもうかがうことができる。

オルトの理想と孤独

オルトについてはこれまでもたびたび触れてきたが、彼女は看護のあり方について、強い信念と構想を持った人であった。その看護職像の理想と夢を看護課長を任されたこの日本の占領政策のなかで実現していこうとする。それは占領者としてより、職業人としての意識に裏打ちされたものと言ってよい。

オルトは日本で三職種に分かれている看護婦、保健婦、助産婦は一本化し、教育水準を上げて質の高い看護職を養成することを何より優先事項とした。オルトの総合看護構想は「保健婦助産婦看護婦法案」としてまとめられるが、前述したように実現することはなかった。しかし、オルトはひたすら日本での看護職教育に情熱を注ぐことになる。

まずは看護教育のモデル学院を創設する。日本赤十字病院の救護看護婦養成部と聖路加女子専門学校を合併し、東京看護教育模範学院を設立、看護職の指導者養成に力を入れ、これまでの指導層

＝男性（医師）といった構図から、看護職である女性自らが看護職を育てていくという構造にシステムを大きく変えていった。

また、GHQの改革方針の一つであった看護職の職能団体である「日本助産婦看護婦保健婦協会」（のちの日本看護協会）の成立に力を入れた。オルトは、戦前、とくに日本産婆会が有力医師などの男性をつねに会長の座に置き、その権威に頼る体制的な組織であったことを批判しており、設立の過程で「男性を看護職の長にさせたくない」と発言していたという（ライダー島崎・大石 二〇〇三）。その協会が成立すると、オルトは早速この協会を通じ、看護婦の教育啓発に取り組んだ。また、GHQ看護課の要請で戦後いち早く刊行されていた『看護学雑誌』に「看護は芸術であり、科学であり、職業である」というモットーを掲げ、毎回のようにアメリカの看護学の紹介に努めた。そしてナイチンゲールの看護の考え方や方式を盛んに薦めた。このオルトの精力的な紹介活動によって、日本でナイチンゲールの看護思想が普及することになったという（大石 一九九七）。湯槇ますはオルトが去った後も、ナイチンゲールの著書の訳本づくりにも精力を注いでいる。

モデル学院の創設、厚生省看護課の設置、『看護学雑誌』での全国の看護職に向けた啓発活動、そして保助看法は妥協の産物になったとはいえ、その制定過程で主張された看護の専門性と独自性が日本人医療関係者に与えた影響は大きい。こうした実績は、「看護職の質の向上」にその主眼を置き、「男性支配から解放する」という構想を持ったオルトをはじめとしたGHQ看護課ぬきには実現しえなかったと言っても過言ではない。それほど彼女らの存在が大きな影響力、決定力を持ったことは間違いない。日本看護協会の初代会長で参議院議員であった井上なつゑは、自伝で保助看法の制定にあたって「公平にいえば、何といっても、この法律を制定させたのは占領軍の力であり、とくにオルトさんをはじめとするGHQ看護課の人たちの力であった」と記しているが（井上 一九七三）、こうした思いは保助看法制定に限らず、看護制度改革全般に言えることであった。日本の看護職リーダーたちだけでは、なし得なかった改革であったことは、当事者たちがもっとも知るところであったのだろう。

オルトの思いは、繰り返しになるが、看護職の女性、ひいては日本の女性の地位があまりに低い状況をみて、心を痛め、何とかレベルの高い教育を行い、看護職の地位を向上させようということにあり、それが日本の女性の地位向上につながるという確信だけは強く持っていた。オルトに続いた二代目課長オルソンやピキンズにもそれは共通している。アメリカ民主主義を至上とし、アメリカ式看護制度を押しつけたという批判もないではなかろう。GHQの占領政策の是非や評価をここで論じるものではないが、オルトは、日本での看護制度改革が、「ナースにとっての女性解放」であることを明確に自覚していた。そのことを日本看護協会二〇周年記念に寄せられた手紙から紹介しておきたい。当時を回顧して次のように綴られている。

私が東京の本部に、それがどのようになされ得るか、全く見当がつかない自分の仕務を持って到着したのは、一九四五年の九月でした。その大きな課題は、皆さん方看護婦の水準を引き上げることで、病人によりよい看護を与えるということだったのです。当初私は、非常に淋し

く、仕事は全く不可能に見えました。私は異国人であり、見知らぬ人であり、米軍婦人士官であったのです。(中略)

日本の男性は、長い間それぞれの看護の団体を牛耳っており、これらの人々から、その仕事をナース自身の手に与えることは本当の大仕事であることに私は気づいておりました(太字は筆者)。しかし、これもじょじょに克服され、ほどなくわれわれは一人で航海しはじめておりました。私達はたくさんの闘争を重ね、何十時間もの討議を政府・団体にいる男性、国会議員と行ないました」(日本看護協会 一九六七)。

日本の医療制度を民主化し、女性たちを男性支配から解放したいという純真な気持ちや、異国の地で不安を抱えながらも重責をまっとうしようとする責任感、そして日本の看護婦たちに深い愛情を持っていたオルトは、日本の看護職制度を少しでも理想的なものに作り上げるため、何百マイルも歩きまわり、何百時間も古い頭の支配層、男性たちと議論し、何より日本の看護職たちに力を与え、そして、一九五一年六月、GHQの占領政策の終了を前に日本を去っていった。

第五章

「未亡人」問題と母子福祉

「さて、未亡人とは」

「さて、未亡人とは？　と口にしてみて何というういやな言葉だろうと思う。未だ亡びざる人！まったくやりきれない言葉である。この文字の構成からしても、何とがんじがらめの封建的な嫌な臭いを感ずることだろうか。

そして日本では、女性は何時でもこういう不幸な運命になりかねない、封建的な桎梏と堅く結び着いて女性の不幸は連綿として続いて来たのである」（林　一九五三）。

これは、福田昌子執筆の「社会的に見た未亡人」の冒頭の一節で、一九五三年に発行された『未亡人』という書籍に寄稿したものである。未亡人という言葉に込められた、夫あっての妻であり、夫を亡くした妻は存在価値すら否定される、男尊女卑の封建性を厳しく糾弾、というより嫌悪していた。

福田は、未亡人とは社会的には「歓迎されない存在」であり、現実社会で正々堂々と生きる場所も手立ても用意されていない。子どもを養育していくことは、「経済能力豊かな男性でも悲鳴をあげる」ことであり、経済力と社会性を奪われた未亡人であれば、それは「心身共に辛苦の道であるかは、今更云う必要もあるまい」と未亡人が社会のなかで排除され、苦境を強いられる存在であることを力説した。

そして問題は、「総て今日の社会が、詳しく云えば社会機構が、そして慣習が、更にいえば政治が夫を亡くして子供を抱えた婦人に、生きる方法を与えていないというところにある」と未亡人が悲惨な状況に追い込まれる原因は、政治や社会システムにあり、経済力を持つ必要、生活に必要な賃金が保障される仕事の確保を訴えた。

ここで福田がこだわった「未亡人」という用語についてであるが、この用語については、福田に限らず反発を感じる女性は少なくなく、当時からその不適切さは指摘されていた。

一九五〇年三月に母子福祉対策協議会主催で「全国未亡人代表者会議」が開かれており、この協議事項の一つに「『未亡人』の名称についての研究協議」というのがあった。しかし、協議の結果は「二〇〇人近い出席者たちは、『名称よりもまず実質的解決を急いでほしい』との意向で名より実をとった」と説明されている（一番ヶ瀬 一九七八）。

また、同会議に滋賀県代表で出席した守田厚子は、当時を回想して次のように述べている。

そのとき、女性代議士の方たちから「未亡人という名称はあまりにもイメージが暗い、変えたらどうか」とお話しがありましたが、私たちは「呼び名はどうでもかまいません、後家会でも未亡人会でもいいのです。そんなことよりも、私たちは今食べることにも事欠いております。今日の暮らしと、明日の子どものための対策をまず、考えていただきたい」と声を揃えて訴えました（守田 一九九五）。

日常生活の差し迫った問題や要求で頭がいっぱいの当事者たちに、名称を考えたり、議論する時間的精神的余裕はなかった。同時に、当時の「未亡人」の名称には、戦争によって夫を亡くした、奪われた被害者という意味合いがあった。当事者自身は、「未亡人」と名乗ることで、政治的社会的な存在として訴えかける力を得ていたとも言える。名称の差別性に不快感を持ち、変更したい女性議員も、彼女たちを前にそれ以上、この問題についての議論を迫ることはできなかった。

一九五〇年一一月に「全国未亡人団体協議会」が結成され、その名称が「全国母子寡婦福祉団体協議会」と変更されたのは、三二年後の一九八二年であった。

注　「未亡人」の名称については右記のとおり、戦後まもなくから問題視されていた。また「寡婦」の用語についても「寡」が少ないを意味し、「欠けた存在」のイメージがあり、適当な用語とはいえないが、行政では現在、「寡婦」が使用されている。本稿では、歴史的文脈を考慮し、当時の「未亡人」をそのまま使用した。以下、未亡人と表記する。

未亡人問題・母子家庭問題の発生

当時、問題となった未亡人とは、多くは戦争未亡人がイメージされている。一九三一年の満州事変から一九四五年ポツダム宣言受諾による敗戦にいたるまでの長期の戦争は、大量の未亡人を生み出した。日本の歴史のなかで戦後一〇年間ほど、未亡人という言葉が社会で頻繁に語られ、社会問題化したことはない。

戦争未亡人も大きく分ければ、夫が軍人軍属で公務による死と国から認められた戦没者未亡人、空襲などで夫を亡くした戦災未亡人、大陸からの引き揚げ時に夫を亡くした引き揚げ未亡人、また戦後数年は抑留や戦地で夫の生死が不明の者もいた。それ以外の一般未亡人といっても、その死亡原因は当時の食糧不足や医療の不十分さなど、多くは戦争と無関係ではなかった。

人数の内訳をみると、もっとも早い時期での数値としては、一九四七年の厚生省調査で戦没者未亡人が約三七万人、戦災者や外地引き揚げ未亡人が約一九万人で、戦争未亡人の合計が約五六万六〇〇〇人、一般未亡人は約一三二万人で合わせて約一八八万人とされている（井上 一九五六、植山 一九八六）。この未亡人数のうち子どもを抱えた有子未亡人は約一五〇万人を超え、全体の八〇％以上を占めていた（一九四九年 厚生省児童局調査・一番ヶ瀬 一九七八）。

こうした未亡人の多くが経済的基盤を失い、貧窮の生活を強いられていた。貯金を取りくずし、所持品を食料に換えて糊口《ここう》をしのいだり、なかには住居を失い、「浮浪母子」となる姿も見られた。「子供の身売り」や「妾」といった重苦しい状況が未亡人女性を取り巻いていた。当時、社会問題としての未亡人問題は、およそ子どもを抱えた母子世帯の問題であった。

福田が衆議院議員総選挙に立候補した際の選挙公報につねに掲げていたのが、「女性の自覚と地位向上」と「母子家庭の生活安定」であった。母子福祉問題は、戦後、深刻な社会問題として浮上し、対策を求める声は強かった。当時、この問題に関心を寄せた議員は、女性議員に限らない。男性議員を含め国会では、超党派の取り組みが行われた。福田もそうした一人として活動をすることになる。

同時に、当事者である女性自身がしだいに立ち上がり、声を上げ、国に対策を求め、未亡人運動は活発化する。その点は後述するとして、まずは国の施策を見ていきたい。

注 本稿では、以下、戦没者遺族と称された未亡人を戦争未亡人、それ以外を一般未亡人として、おおまかに区分して記述している。文脈によっては正確さを欠く場合もあることをお断りしておきたい。

「無差別平等」の原則から母子保護へ

政府は、戦後処理として、一九四五年の一二月に「生活困窮者緊急生活援護要綱」を閣議決定し、翌年一九四六年の九月には国会で生活保護法が成立した。これはGHQの方針により「無差別平等」を原則とし、原因の如何に関わらず生活困窮者として平等に保護するというものであった。このため、戦前の母子保護法はこれに吸収、廃止され、母子というカテゴリーでの施策はこの時点で消滅していた。同様、戦争未亡人については、GHQの当初の占領政策である軍国主義の一掃、民主化により、戦前の恩給法、軍事扶助法が廃止され、経済的な援助が打ち切られていた。

生活保護法によって、戦争未亡人や母子世帯も生活困窮者の枠組みで、住居や食料の提供を受けることになったが、この援助の手が届いたのは、ほんの一部にすぎなかった。さらに敗戦という事実とGHQの占領政策により、召集された軍人らは戦争加担者と位置づけられ、社会的評価は一変した。かつての「英霊の妻」に対する畏敬《いけい》や尊重の念は薄れ、戦没者遺族は、世間の冷たい視線にさらされることにもなり、心身ともに厳しい状況に置かれた。しかし、母子家庭を取り巻く状況の厳しさは、放置されてよいものではなかった。

敗戦の年の秋には、戦前の母性保護連盟を担った山高しげりたちが「母子問題懇話会」を発足させ、いち早く母子家庭問題に取り組み始めた。課題の一つは母子寮設置問題であった。母子寮は、そもそも戦前の一九三七年に成立した母子保護法により導入されたもので、当時は全国に約五〇カ所設置されていた。戦後、この母子寮は、母子保護法廃止により、生活保護法の枠で母子家庭に対する住宅提供事業として行われていたが、母子家庭の激増に対し、母子寮の数は圧倒的に不足していた。

一九四七年、国会で児童福祉法が審議される過程で、女性議員から母子寮を児童福祉法のなかに入れるべきとの声が高まった。この児童福祉法の審議で発言を主導したのは、藤原道子や武田キヨらである。藤原は「母を離れて子供の福祉はあり得ない」こと、生活保護の適用を受ける前に自立しうる母子寮の位置づけを主張した（衆議院 一九四七・一〇・二）。こうして母子寮は児童福祉法に基づく施策となり、年を追うごとに増設されることになった。しかし、この母子寮で母子家庭問題が解決されるわけではなく、母子寮に入れた母子世帯は全体からみれば、これもほんのわずかに過ぎなかった。とくに職業を得て経済的に自立していくことが最大の課題でありながら、その社会的基盤はないに等しかった。母子福祉対策はさらに国会の議論の俎上《そじょう》に上がっていく。

「母子福祉資金の貸付等に関する法律」の成立

一九四九年には、母子福祉対策国会議員連盟が発足し、衆参両院議員八三名が名を連ねた。また、同年五月、衆議院では「遺族援護に関する決議」が、参議院では「未亡人並びに戦没者遺族の福祉に関する決議」が採択され、これに答えて政府は一一月、「母子福祉対策要綱」を決定。母子家庭に対する支援の基本方針が示された。これにより、翌年、生活保護法が改正され、母子家庭への母子加算制度が始まり、一九五二年には、「母子福祉資金の貸付等に関する法律」が成立する「母子福祉資金の貸付等に関する法律案」は、母子家庭に生業資金、生活資金、修業資金などを無利子あるいは低利子で貸付け、経済的自立を助成しようというものであった。この法案の先頭に立った堤ツルヨ（右派社会党）は、衆議院厚生委員会での採決にあたり、党を代表をして賛成の意見表明を行った。

堤は、「母と子の福祉行政は、単なる経済問題にとどまらず、物心両面にわたる保護助長でなければなりません。しかるにやっと本日提案の運びになりました本法案は、種々の事情にはばまれ、その題名の示す通り資金の貸付等に限られたものでありまして、母子福祉行政の一部分にすぎません。」とまず、その不十分さを指摘した。未亡人の現状については、「（女性はこれまで）社会人の一人として公平な権利を与えられなかった」ために「自分の力で夫なき後も、二人三人の子供をかかえて社会を泳ぎ切る未亡人はほとんどございません」と母子世帯がいかに困窮状態に追い込まれているか具体的な事例をあげながら、厳しい生活実態を述べた。そしてそうした状況に母子世帯が置かれる理由について、これまでの「封建的な日本の社会や政治が、女をかく育て、生活能力なきものにしてしまった」ためであり、本法案は少なくとも「生活力を持たぬ未亡人ばかりをつくった過去の日本の政治の償い」として、「母と子をせめて一つ屋根の下に同居せしめ、資金の貸付等を行うことにより、その経済的自立の助成と生活援助をはか」るものであり、早急に成立させ、予算を確保するよう「全国百八十万未亡人母子世帯の代弁」として訴えると結んだ（衆議院 一九五二・一二・一五）。

法案は衆議院厚生委員会で可決され、同じく参議院でも藤原道子（左派社会党）、河崎ナツ（左派社会党）、井上なつゑ（緑風会）、深川タマエ（改進党）らの超党派の女性議員が、そろって賛意と予算の増額等を訴え、一二月一九日、本会議で可決された。

堤ツルヨの言うように、この法律は資金の貸付けに限られたものであり、生活資力を持たない未亡人をつくった日本の政治の償いとして、母子福祉行政のほんの一部に過ぎないものであったが、貸付けによる金銭的援助は藁《わら》にもすがる未亡人たちには、命をつなぐ救済策として少なからず効果をあげた。

福田昌子と母子福祉問題

国会での福田の動きを時系列で追ってみよう。

一九四七年に衆議院に初当選して、所属したのが厚生委員会で、審議されていたのは児童福祉法であった。この審議で社会党の藤原道子らが活躍していたことは前に述べたが、福田は母子寮や子へのミルクの優先的配給をめぐって藤原らを支持する応援発言を行っている（衆議院　一九四七・一〇・六）。議員としてもまだ駆け出しであったせいか、母子福祉の活動家の発言を援助する程度の発言に止まっているが、母子福祉政策の推進は福田の公約であった。

戦前の一九三七（昭和一二）年に母子保護法が施行されているが、その当時、福田は九州帝国大学医学部で研究生活を送っていた。妊産婦や母子に関する問題は、福田の研究テーマの一環であり、その後、福岡や大阪で産婦人科医として勤務しており、母子にかかわる健康や生活の問題は他人事ではなかった。また、母子保護法の制定推進運動の一人に福田の師である東京女子医学専門学校の吉岡弥生もいた。産婦人科医を志す早い段階から、母子問題は政治的課題であるという認識を持っていたと思われる。

一九四九年五月に母子福祉対策国会議員連盟が発足したが、この連盟は超党派で、衆参の厚生委員会所属の議員を中心に組織されており、福田も名を連ねていた。また、衆議院に提出された「遺族援護に関する決議」提出者の一人となっている。同年六月二五日には、恩賜財団軍人援護会主催の「未亡人対策懇談会」に松谷天光光、河崎ナツらと共に連盟から出席したことが記録されている（一番ヶ瀬 一九七八）。

一九五二年、第一三国会では、母子福祉対策要綱を具体化するため、集中的に法案の審議が行われることになったが、福田は衆議院厚生委員会の「母子福祉対策に関する小委員会」の一〇名の委員の一人となっている。またこの時、「戦争犠牲者補償に関する小委員会」の委員にも指名されている（衆議院 一九五二・一・二九）。

しかしながら国会で、この問題に関する福田の発言にはほとんど触れることができない。議事録では福田の紹介による母子福祉に関する請願はあり、地元をはじめとした関係団体との接触はあったものとみられる。福田のこの期間の具体的な活動や発言の詳細は不明である。しかし、福田がこうした母子世帯の実情や母子対策問題についてどのような考えを持っていたのかは、一九五三年に発行された『未亡人』という書籍に寄稿した「社会的に見た未亡人」で知ることができる。さらにこの寄稿文は未亡人問題を題材にした福田の「女性解放論」とも言えるが、これについては、後で紹介したい。その前に当事者であった未亡人たちの動向をたどっておきたい。

未亡人運動と遺族運動

戦後、戦争犠牲者の遺族を構成主体とした運動団体が組織されたが、現在、もっとも大きな勢力を誇るのは「財団法人日本遺族会」である。日本における戦没者遺族の運動は、恩給法の復活など国への要望を始め、遺骨収集や慰霊碑建立など活発な運動を展開した。同時にその政治性をめぐっては物議を醸《かも》してきた。こうした戦後の遺族会、遺族運動において、戦争未亡人はどのような立場に置かれてきたのであろうか。組織や運動においては、男性が主導権と数を占めがちであり、多くの組織、運動が深刻なジェンダー問題を内包しているが、戦後の遺族会組織化と運動の過程を見ていくと、そこにも象徴的に存在していたことがうかがえる。

当時、引揚者や戦災者、傷痍軍人や遺家族の援護事業を行っていたのは「恩賜財団同胞援護会」であるが、戦没者遺族や戦争犠牲者に対する救済措置を求めて、全国的に組織化の動きが出てくる。その先駆けは、一九四六年六月に設立された「戦争犠牲者遺族同盟」とされている。この同盟結成の中心的立役者は、東京都杉並区にあった武蔵野母子寮の寮長牧野修二であるが、遺族運動は窮乏に瀕していた母子家庭の未亡人を中心に始められた。しかし、翌年の一九四七年一一月には、同盟の戦争批判などの政治的傾向や組織の運営が未亡人主導であったことへの反発もあり、多くの地方遺族会が別組織として「日本遺族厚生連盟」を結成（一九五三年に財団法人日本遺族会と改称）。

戦争犠牲者遺族同盟は、三年後には解散を余儀なくされ、戦争未亡人は一般未亡人を含めた「未亡人運動」に向かうことになる（北河 二〇〇〇）。

戦争未亡人の多くは、いわば「戦争犠牲者」という政治的カテゴリーより「未亡人母子家庭」というジェンダーカテゴリーに運動を傾斜させていった。運動の潮流は、慰霊事業を中心とした男性主導の遺族運動と生活自立を求める未亡人運動の二つに大きく分かれることになる。戦争未亡人がどちらの組織に軸足を置くかという点については、地域によって多少の差はあるものの、遺族運動が深刻な女性差別を内包していたことに変わりはない。

北河賢三は、著書『戦後の出発』の第Ⅲ章遺族運動と戦争未亡人の冒頭で遺族会運動と未亡人運動との関連、推移を次のようにまとめて述べている。

　　敗戦後の遺族による全国的組織化の動きは、日本遺族厚生連盟（およびその後身の日本遺族会）に連なり、一方、戦争未亡人を中心とする未亡人の組織化の動きは、全国未亡人団体協議会に帰結していったことが知られている。その際、戦争未亡人はいうまでもなく遺族の一部であり、戦後最も苦境に立たされた、遺族を象徴する存在なのであって、遺族運動と未亡人運動のいずれにおいても重要な位置を占めている。すなわち、遺族運動と未亡人運動は、たんに併存しているのではなく、戦争未亡人の動きを介して交錯しているのである。しかも遺族運動は、もともと戦争未亡人を中心とする戦争犠牲者遺族同盟の運動として始まり、それが遺族の全国的組織化運動に発展し、その過程で男性遺族を中心とする別の勢力が主導権を握り、日本遺族厚生連盟が成立するという推移をたどっているのである（北河 二〇〇〇）。
また、滋賀県大津市で母子福祉に長年、取り組んできた守田厚子は、回想録『生きてきた道』で遺族運動から未亡人運動へと軌道修正した経緯を次のように述べている。少々長くなるが戦争未亡人の置かれた状況がよく分かるので紹介したい。

戦後の混乱の中でいちばん悲惨だったのは、子どもを抱えた未亡人でした。一家の柱を突然失い、そのうえこれといって手に職もなかったのですから、今日食べることにも事欠く有様でした。それでも、自分のことはさておいても子どもに食べさせたい、子どもを学校に行かせたい、と考えます。しかし、子どもに向学心があっても学費を捻出するためには、他家に嫁した身です、義父や義母の許しがなければどうにもなりません。山や田んぼがあっても「売ることはならん」と、言われます。それどころか、「子どもだけ置いて、実家に帰れ」と言われた方や、ご主人に弟がいた場合は、義弟との再婚を強要されるといったような例もたくさんありました。
「嫁は襖のようなもの」とされた時代です。
嫁は、家風に合わなければ、あちらを削り、こちらを継ぎ足しして婚家に合うように矯正するもので、女性もまた、自分から嫁ぎ先の家風に合わせていかなければいけない、とされていたのです。（中略）
遺族会の一員として、お世話をしていても、「遺族会としての活動だけでは、この人たちを

救うことはできない。一日も早く戦争未亡人だけを集めて、生きていく道を話し合わなければ」と私の心はあせりました。（中略）
すぐにも戦争未亡人のための会をつくろうと、同じ境遇の方たちをお誘いしました。遺族会への入会を勧めて歩きながら、戦争未亡人の方には「未亡人会をつくりましょう」とお話しもいたしましたが、でも、そのことを遺族会の中では言い出せませんでした。「嫁は他人。そんなものはつくる必要がない」と、あちこちで言われました。
それでも、あえて私たちは未亡人会を結成しました。（中略）
昭和二十三年八月に、まず大津市の未亡人会が発足いたしました。
遺族会は当然、猛反対でした。白い目で見られ、叱られました（守田 一九九五）。

守田は、戦中から戦後の嫁の立場や、とくに夫を失った妻が夫の家族のなかで、差別や冷遇にさらされている状況を的確に把握していた。そして、それは遺族運動にも持ち込まれ、男性主導の英霊を奉ることを中心とした「嫁差別」の運動では、とうてい戦争未亡人の問題は解決できないと早くから認識していた。このため遺族会運動とは一線を画した未亡人主体の運動づくりへと「白い目で見られ」ながらも力を注いだのである。
福岡県でも同様の傾向がうかがえる。

福岡県下の未亡人団体の結成

一九四九年一月時点の厚生省調査によると、未亡人数は、全国で約一八〇万人とされているが、そのうち福岡県は約六万一〇〇〇人で、全国的にみても上位の数を占める（一番ヶ瀬　一九七八）。母子世帯数は、一九五四年時点で約三万八〇〇〇余世帯と推測されていた（福岡県議会事務局　一九五九）。

県下でもこうした未亡人が生活の困窮にさらされ、社会問題として認識されるまでに時間はかかっていない。一九四六年の初め頃から、新聞等でも未亡人の生活窮乏や救援の動きが報じられている（『西日本新聞』一九四六・二・二六）。

県行政も早くに対策を講じ始めている。一九四六年一〇月には、福岡市が戦災の母子家庭に簡易住宅を確保したり、古着更生作業や家政婦の斡旋など、生活の自立支援に着手していた（『西日本新聞』一九四六・一〇・一）。

未亡人問題に取り組む運動には、当初から二つの流れがあった。戦没者遺族の未亡人は「福岡県遺族連合会」に組織されたが、一方で、理由を問わず配偶者を亡くした未亡人たちによる独自の運動体として「未亡人会」が組織された。この未亡人会のなかには地域婦人会の内部組織から派生したケースもみられる（福岡県母子福祉連盟会　一九八二）。

まず前者についてだが、福岡県は早くから遺家族援護には積極的であった。敗戦から一年が経過した一九四六年の八月には、県知事の働きかけで福岡県遺族連合会が発足している（福岡県遺族連合会 一九八三・同 一九九五）。東京で戦争犠牲者遺族同盟が結成されたのが、同年六月であり、その二カ月後のことである。短期間で各市町村単位の遺族会が組織され、その連合体として、福岡県遺族連合会が結成された。一九四八年の時点で、県下一一市一九郡二七五町村のうち遺族会がないのは一三町村だけだと報告されている。発足から二年間のうちに県下市町村単位で三〇〇近い遺族会が地域にくまなく結成されたことが分かる。さらに遺族は県下八万三〇〇〇世帯とあることから、遺族とされる人は三〇万人におよぶか、もしくはそれ以上であったと推測される。そしてこの世帯のうち二万八〇〇〇名は生活保護による生活扶助受給者とされている（「福岡県遺族会だより」一号）。上部団体は、日本遺族厚生連盟でその傘下にあった。

この遺族会に未亡人も組織されていたが、遺族会運営の中心は男性であった。県連会長、副会長および郡市遺族会会長三四名はすべて男性である。遺族には戦没者の母や妻が多いとされるが、遺族会の役職に就くこれら男性の多くは戦没者の父か兄弟であったと推測される。その活動の目的は、会員の相互扶助や福利厚生や相談など援護事業も掲げられたが、中心は追悼慰霊祭など英霊供養の事業であった。こうした遺族会のあり方に未亡人たちは不満を募らせていく。一九四六年二月の軍人恩給の廃止、戦争遺族に対する扶助料等の支給停止によって、福岡県下の戦争未亡人も子どもを抱え生活に窮迫し、明日の食糧確保に追われていた。

一方、一般未亡人のなかには、配偶者の死因が空襲や戦時期の生活悪化による疾病、引き揚げ時の死亡など、戦争を遠因としたケースも少なくなかったが、そもそも扶助料等の支給もなく、生活は身内に頼るか、生活保護を受給するか、働いて自力で生活を立てるほかなかった。女性の職業は限られており、さらに子どもを養育しているとなれば生活できるだけの仕事に就けるのは ごくわずかであった。前述したように戦後の食糧難、生活難は母子家庭を直撃しており、救済、対策を求める運動や組織づくりは福岡においても緊急の課題となっていた。

一九四七年に県民生部職員で未亡人を中心に「白菊会」を結成し、物品販売を行うなどしたが、これをきっかけに「白菊運動」が広く呼びかけられ、各地で白菊会が結成されることになった（『西日本新聞』一九四七・六・一）。この白菊会のほかにも以前から組織されていた未亡人会がある。例えば「共生会」（甘木地区）や「若葉会」（久留米）など、地区ごとの未亡人組織があり、こうした未亡人会は、遺族会に所属する戦争未亡人を中心に組織され、しだいに一般未亡人が参加し、組織が発展したと見られる。構成メンバーの中心が戦争未亡人か一般未亡人かの相違には地域の実情により差があったであろうが、団体を組織するにあたってはＧＨＱの方針に影響を受けたことを示す次のような発言がある。

国友「終戦直後は、アメリカの占領下でございましたので、戦争未亡人の救済を表に出しては望みがないからと、一般未亡人でカムフラージュして未亡人の対策を練ろうと云う事になって、戦争未亡人の方々に納得してもらい、一般未亡人の声を強く出して、自主的に私共が結束しようという事になった」（福岡県母子福祉連盟会 一九八二）。

これは福岡県母子福祉連盟会元理事長の国友ミツヱが、会の創立三〇周年を記念して開催した座談会で戦後の未亡人会の結成時の状況を述べたものである。

ＧＨＱは、軍国主義的な活動を抑えるため、団体結成ではその目的、構成員をチェックしており、とくに占領初期は民主的団体の育成に力を注いでいる。戦前から結成されていた戦争遺族の団体はこれまで英霊崇拝的な軍国主義的傾向が強かったためにＧＨＱは警戒心を持っていた。国友の発言は、戦争遺族である未亡人だけで組織される団体はＧＨＱの承認を得ることは難しいため、戦争未亡人より一般未亡人を前面に押し出し、状況に適合した組織づくりを目指したのであろう。こうした影響もあり、戦争未亡人は一般未亡人と共に遺族運動よりも未亡人運動を看板に結集したものと推測される。また、筑後市母子会も設立の経緯に触れ、占領下のマッカーサーの意向を配慮したと述べている（前掲書）。

未亡人で生活に困窮しているという点で合致していれば運動は共に進められた。遺族会運動に比べ、こうした未亡人団体のほうが死活問題に直面しており、目的も明確であり、動きは早かった。物品販売や内職などの生計手段の確保や行政への住居提供や就職斡旋、貸付けなどの働きかけを行った。その活動の方向性は、母子が経済的に自立して生活できる条件づくりを目指すもので一貫していた。

一九四七年四月には山高しげりを招き、福岡市万行寺で母子福祉問題の講演会が開催され、それを契機に各地で「竹の子のように、あっち、こっち」未亡人会が結成されたとある（福岡県母子福祉連盟会　一九八二）。一九四九年の厚生省調査では福岡県下の未亡人会の数は一一〇を数えた（一番ヶ瀬　一九七八）。

戦後各地にできた未亡人会は、一九五〇年一一月に全国未亡人団体協議会結成へとつながり、その後は各地に未亡人会が正式に結成されていく。福岡県では一九五〇年七月に「福岡県未亡人代表者協議会」が設立された。

上村清子の怒り
――福岡県遺族連合会婦人部の発足

一九四八年になると福岡県遺族連合会のなかで婦人部組織化の動きが高まり、同年九月一六日に開かれた各市郡連合会長及び婦人代表者会議において、福岡県遺族連合会婦人部結成が決定された（福岡県遺族連合会　一九八三　以下、遺族会婦人部）。

同年八月一日より、「福岡県遺族会だより」（以下、「遺族会だより」）という会誌が発行されているが、一号から四号あたりまで遺族会に組織された女性たちの活発な動きが記されており、この会誌の発行は遺族会婦人部の結成の動きと軌を一にしている。

さらにその論調からは一九四六年八月の遺族会発足から二年の活動のなかで、未亡人たちの不満が鬱積《うっせき》していたのではないかと推察される記事が散見される。

遺族会婦人部の結成を知らせる「遺族会だより」第四号に編集委員の上村清子は、「遺族会婦人部に期待するもの」というタイトルで文章を寄せ、まずこれまでの遺族会のあり方を次のように批判した。

今日迄の遺族会は極めて月並の、平凡と云うにはあまりにも平凡過ぎた。最も活発に人権の平等を要求し最も真剣に生活権の保証と享有を獲得しなくてはならなかつたのにもかかわらず何故にかただ慰霊祭を主たる仕事とし、序に月並の事業規定を付け加えていたに過ぎぬ遺族会であつたことを否めない。

冒頭から、これまでの遺族会運動が慰霊祭中心の月並みな活動ばかりで、人権や生活権の保障という本来の目的には何ら取り組まなかったこと、こうした活動を続けていけば、「早晩必ず行詰まりを見せたであろう」と痛烈な批判を行った。さらに遺族会のスタンスは、「敗戦前に見ていたような甘えた考え方——遺族会は当然国家が優先的に責任を以て面倒の一切を見るべきであるといった——に依存し、或は只単なる優越感だけを主体として」いた。このために「遺族会の仕事のほとんど全部を占めてきた未亡人問題は、口でこそ兎や角云われていても実際は具体的にあまり熱心に解決も、成果も見ることが無かった」と未亡人問題が軽視、無視されてきたことを単刀直入に指摘した。そして今回の婦人部発足の意義について次のように述べる。

遺族問題と云えば九分九厘迄が「いかに生きるか」との悲痛な状態に追い込められて身動きの取れなくなつてきた未亡人問題であり、その愛児の問題となつてきているの際　婦人部の新機構は私共未亡人にとつての大きな救いであり期待であつたし、なお又、一層の魅力となつてきた訳である。それで私共は婦人部の新設に感謝する、と同時に責任の重大さを痛感する

（「福岡県遺族会だより」四号）。

上村は、遺族問題＝未亡人母子家庭の生活保障であると述べ、婦人部活動の重要性と責任を訴えた。

こうした上村の発言からも、遺族会が男性主導で英霊を奉る慰霊祭を中心とした活動を主とし、遺族会のなかでもっとも困窮し、解決策を必要としていた未亡人にとっては頼りにならない組織であったことが浮かび上がってくる。遺族会にあって未亡人は、「嫁は所詮外の人」と軽視、排除の対象とされがちであり、彼女たちの要求が組織の最重要課題として積極的に取り組まれることは稀であった。その組織に対する不満が先の上村の厳しい批判的発言となって表れたと言える。遺族会婦人部発足と同時期に発行された「遺族会だより」の初期には未亡人の声が掲載されており、上村と同様の不満を抱え込んでいたことがうかがえる。

このように男性主導の遺族会の組織や運営、運動に絶望し、批判したところから出発した婦人部は、のちに述べる「婦人の町」構想にその熱い思いや期待を結びつけ、実現に力を結集しようとした。しかし、遺族会婦人部の活動は、同時に一般未亡人との「未亡人会活動」との二重負担や折り

合いの取り方などの問題も抱えることになり、しだいにその活動も停滞していく。先の遺族会のあり方をジェンダーの視点から厳しく批判した上村清子は、同じ文章のなかで、婦人部が結成されたことにより、遺族会ではない未亡人会との将来的な組織問題も予見し、注意を促していた。上村は、遺族会婦人部の運動にまとまるのが好ましく、「本筋」だと考えていた。

『福岡県戦没者遺族の五十年』には当時の婦人部活動の状況が次のように記述されている。

婦人部は結成されたものの、県下各地に結成されていた戦没者未亡人、一般未亡人を包含した、いわゆる未亡人会の活動の陰にかくれ、県遺族連合会が期待したような戦没者遺族の援護活動の母体とはなり得ず、戦没者の未亡人会と一般未亡人会との間に、面白からぬ空気が醸し出された処もあった（福岡県遺族連合会　一九九五）。

戦争未亡人は、遺族会婦人部と一般未亡人を含んだ未亡人会の両方に組織されながら、活動の主力は後者にあったことが推察される。生活に追われた未亡人が二つの活動団体を切り盛りすることは大きな負担であった。どちらかといえば遺族会婦人部より未亡人会の動きにその力は注がれたのであろう。それがまた、遺族会婦人部に力を注ごうとする戦争未亡人と一般未亡人会で活動する人との間に溝や軋轢を生じさせることになった（福岡県遺族連合会　一九八三・同　一九九五）。

そして、一九五二年サンフランシスコ講和条約が発効し、ＧＨＱの影響力がなくなることで、遺族会運動は新たな運動期に入った。とくに軍人恩給の復活や遺族等援護法が実現し、扶助料、遺族年金、遺族給与金などの手厚い手当の支給は、遺族会に所属する戦争未亡人と一般未亡人との間に溝をつくり、運動の二分化に拍車をかけることとなった。

戦争未亡人はこれにより遺族会婦人部への結集を深め、再組織化に乗り出し、一九五六年には県遺族連合会婦人部協議会が結成された。これ以降、遺族会婦人部は「戦没者の妻」の苦労と誇りを前面に、遺族年金、恩給法の支給、さらに一九六三年には「戦没者妻に対する特別給付金支給法」を成立させる。この特別給付金支給法を遺族会は「戦没者の妻の永い労苦と、靖国の妻として誇り高く歩いてきた栄誉とに対する『妻の金鵄勲章』ともいうべき」ものと評価する（福岡県遺族連合会 一九八三）。戦争未亡人は、同じ未亡人としての平等な支援策より「戦没者の妻」としての特別な措置を求め、一般未亡人との距離をさらに広げていく道を選んだ。

一九五〇年に結成された「福岡県未亡人代表者協議会」は、一九五五年に「福岡県母子福祉連盟会」と組織名を変更し、未亡人たちは、「母子福祉法」の制定を目標に、生活権の保障を求め活動を続けた。

注　全国各地方の遺族会運動と未亡人運動の関連については、北河賢三「戦後の出発　Ⅲ章遺族運動と戦争未亡人」に詳しい。

「遺族会だより」にみる未亡人の窮状

当時の戦争未亡人がどのような状況に置かれていたのか、福岡県遺族会連合会発行の「遺族会だより」に寄せられた当事者からの投稿を紹介しておきたい。

「遺族会だより」の初期、一九四八年八月発行の一号から一九四九年三月発行の七号あたりまで、その記事を目にすることができるが、それは経済的に逼迫《ひっぱく》し、仕事もままならず、家族を養うことに明け暮れる悲鳴ともいえる訴えである。

投稿者の一人、渡邊キヌは、収入を得るため仕事をしているが、その経済的自立がいかに困難で「社会を恨む」ほどのものであるかを綴っている。「未亡人の告白」と題し、「私の現在の職業は一歩過まると男性の好餌となり、油断するとこの身を病魔にまかせなければならない最も危険なもの」であり、求めているのはただ「明るく働ける職場」である。「この社会に私たち未亡人の多くが夜毎日毎に泣き明かしていることを私は率直に告白」するが、社会から虐げられた親と子は成長するに従い「社会の恩寵にそむ」くようになることを怖れていると追い詰められた心情を訴えている（「福岡県遺族会だより」三号）。

また、「この母の記」欄には、嘉穂郡穂波村で五人の遺児を抱え、麻生炭鉱の一坑夫として働く未亡人の手記がある。

「私は夢中に働いた。働いている時には悲しいことも苦しいことも気にかゝってこない。明日の食事のこと子供の成育のことの前ではただ働くだけが母の仕事」であるが、時に「感傷におぼれ勝ち」となり「誰かに甘えたい心がでて来」て、「未亡人の不幸の種は其処に蒔かれるように思う」と不安定な心情が吐露されている。孤立し精神的にも追い込まれる状況にあることがうかがえる。

しかし幸いなことに筆者は遺族会婦人部に組織されていたことによって、その解決には同じ仲間と手をつなぐことしかない、不幸なのは人を信じることができなくなった時だと気づかされ、苦悩から立ち上がる決意が語られる（同四号）。このほか、糟屋郡の未亡人は、亡夫の老いた両親と三人の遺児を抱え、「田畑一町歩と取組み真に文字通り血みどろの働をつゞけてきている」とその生活の窮状を訴えている（同三号）。

「遺族会だより」第一号では一九四八年に佐賀県で発生した未亡人による子殺害事件を取材し、その内実について、未亡人である三一歳の母親が、生活に窮し、ヤミ煙草売りを始めたが、やがて煙草専売局の男から取り調べを受けることになった。ところがこの男から脅迫され、自分が逮捕された時の子どもの身を案じ、言われるままに関係を結んだものの、後に、この男が警察ではないことが分かり、騙されて意に沿わない関係を持ったことに悲嘆し、子どもと自殺を図ろうとしたものであったと事の真相を伝えた。

この事件は当初、「遺族の不祥事」として非難を受けていた事情もあり、編集部の女性が現地に赴き取材し、右記の事実を掲載したもので、新聞などによる「戦争未亡人の行李詰め愛児殺し」といったセンセーショナルな報道に疑問を投げかけるものであった。

記述からは、当時、闇物資の販売に手を出す未亡人は少なくなかったと推測され、闇販売摘発で警察に拘束される不安におびえ、さらにその弱い立場を利用しようとする男性によって「身を滅ぼしかねない」実態があったことがうかがえる。

こうした未亡人の窮状に応えるように、同じ「遺族会だより」にはときどき、就労斡旋の記事も掲載された。しかし、それは編物講習や内職、本や文具の取次事務など在宅で行える副業の種類であり、賃金としては生活自立にほど遠かったと思われる。この職業斡旋の一つに保険会社の保険募集の外務の仕事があり、そこには保険会社が未亡人の採用に特別の配慮をしているとある。保険会社の外務の仕事は、就業時間に融通が利く、成果主義の仕事であり、その後も長いこと未亡人が選択肢として検討する職業の一つとなった。

サバイバル事業と「母子家庭を明るくする運動」

県内で組織された未亡人団体は具体的にどのような活動をしていたのであろうか。

生計の頼りとされたのはまずは、貸付けであった。国や自治体の貸付け制度の利用のほか、各未亡人会や母子会で寄付金や事業収益で資金を作り、独自の「母子金庫」「母子銀行」を開設。低利で融資し、その償還の相談にのるなど、金銭的な助け合いが図られた。償還率をアップさせることも各会の目標とされていた（福岡県母子福祉連盟 一九八二）。

また、各世帯の経済的自立のため、収入を得られる働く場所づくりが大きな課題であった。各未亡人会は自治体に授産所や母子寮、保育所の設置を要望した。また、公共の場での仕事を請負い、それを会員未亡人の職場として確保しようとした。例えば、授産所では主に裁縫や編み物による衣類や手芸品の製作販売、また競艇場の切符売りや公共施設での売店の委託といったものであった。遠賀郡では一九六〇年の米軍芦屋基地の閉鎖に伴い、多くの未亡人が失職することになったとみられ、自治体がテコ入れし、芦屋競艇場の売店業務委託や内職の斡旋、博多人形工場の誘致などを行っている。いずれもささやかな事業ではあるが、母子家庭が生き抜くためのかけがえのない場であった。

こうした各家庭が生計を維持できる収入確保の道のほか、未亡人会や「母子会」の組織運営のための資金づくりにも奔走している。もっとも取り組まれたのは母の日のカーネーションづくりである。会員手づくりのカーネーションを販売し収益をあげていた。また、地域の催しでのバザーや簡単な食べ物の販売。当時の娯楽として映画は人気があり、映画上映会を企画し、チケット販売を行った。

これら会の活動を通じて、未亡人同士のつながりが確保され、さらに「母子家庭を明るくする運動」では、会員同士で一年に一度の母子旅行に出かけたり、のど自慢大会を開催するなど交流が図られた。それは未亡人同士の生活助け合いであると同時に孤立化を防止し、生きていく精神的な支えになっていたであろうことは容易に推測される。

未亡人たちの窮状と生活のための奮闘は、戦後の混乱期、戦前の富につながる男性の事業家たちが隠遁《いんとく》物資や占領軍からの横流し物資で大金を蓄えるのとは雲泥の差であった。

注 福岡県下の未亡人会、母子会の活動については末尾の（表）を参照されたい。

福田昌子の話とは遠ざかってしまったが、戦後のもっとも混乱した時期の未亡人会活動の一例として、ここで福田昌子の妹、純子の取り組んだ活動の一端を紹介しておくこととしたい。福田昌子には純子という妹がいるが、彼女も戦争未亡人であった。子どもはいないが、夫の戦死により、戦後は婚家を出て、福岡市にもどり、市崎町に住んでいた。その頃、純子は知事に声をかけられ、未亡人会の活動を行っている。住居の近くにあった成就院という寺が二〇〇人近い未亡人と子どもを預かり、そこで授産事業が行われたという。未亡人たちが洋服や編み物を作り、それを岩田屋や玉屋などのデパートに買い取ってもらい、その売上金を未亡人の生活の糧とした。また、明日、納品とばかりにできあがった製品が丸々夜中に盗まれたエピソードも紹介している（福田純子 一九九七）。

自治体行政の支援や福祉機能が不十分ななかで、寺が社会的な慈善事業の場を提供しており、そこで行われたのは女性たちが唯一技術として身につけていた裁縫や編み物などで製品を作り、商品として売ることであった。未亡人の生きていくための切実な活動は各地域で繰り広げられていた。

福岡県では、こうした未亡人の窮状下、福岡県民生部世話課を担当部署に母子世帯、未亡人家庭への資金や生業器具の貸し付けを始めるなど、対策に力を入れ、一九四九年には全国に先駆けて福岡県家庭授産条例を制定していたが、その取り組みのシンボルに「婦人の町」構想というのがあった。

杉本県政と「婦人の町」構想

生活に困窮、疲弊し、世間の冷遇にさらされていた未亡人にとって、一九四八年は希望に燃えた年であった。希望の光となったのは、当時の杉本勝次県政が、未亡人対策として全面的にバックアップした官民共同の「婦人の町」構想である。

「婦人の町」とは、県下の未亡人が経済的に自立して生活できる、未亡人だけの一大エリアを建設しようというもので、同年一〇月二五日の『西日本新聞』には「未亡人の愛と力で『婦人の町』来月着工」という大見出しの記事が掲載され、そこには、母子寮のほか、作業所、保育園が建ち並んだ未来の予想図面も紹介された。建設委員長は久留米市未亡人会の國武タキで、彼女はこの「婦人の町」について次のように述べている。

> 単なる救済事業ではなく、（中略）私共は世捨て人の真似をするのではなく、激浪《げきろう》する人生の中に敢然として生き抜く人間の実社会をつくるのである。婦人の街は婦人解放の生ける実態であつたと同時にその児等にとつてのパラダイスたらしめたい。（「福岡県遺族会だより」二号）

繰り返しとなるが、敗戦直後から子や養親を抱えた未亡人の多くは、生活が追い詰められ、経済的にも精神的にも窮地に陥っていた。とくに一九四八年前後は急激なインフレもあり、困窮の実態が社会的な問題として注目を集めていた時である。しかし戦争未亡人はＧＨＱの指令によって、扶助料が廃止され、「英霊の妻」から「戦争加担者の妻」となり、國武が言うように「世捨て人」のように世間から身を隠すような状況を強いられていた。一方でこうしたどん底の状況から立ち上がろうと、戦争未亡人と一般未亡人が共に声を上げ、胸を張って生きていける社会を作ろうと大きく動き出していた。「婦人の町」構想への國武タキの思い、決意はそれを物語るものであり、それを後押ししたのが杉本県政であった。

注「婦人の町」は当初「婦人の街」と表記されていたが、ここでは一〇月の新聞記事発表の「婦人の町」を統一して使用している。

一九四七年に戦後初の公選制で知事となった杉本勝次は、未亡人対策や戦争遺児など戦争被害者への救済事業に力を入れた。

「婦人の町」構想は、朝倉郡甘木町の未亡人会の上村清子着想によるもので計画の中心となったのは福岡市の安国寺にあった社会奉仕光華園とされているが、杉本知事はこれに全面的に協力することになる。一九四八年八月二八日に知事公舎で初の「設立準備委員会」が開かれており、ここでは国会議員の福田昌子と当時労働省婦人少年局福岡職員室主任であった高崎節子らが「力こぶを入れる」ほど、この計画を支持していた。（『西日本新聞』一九四八・八・二五）

この「婦人の町」は、同年一〇月には全体像が明らかになり、建設場所やスケジュール、予算等が示されている。建設場所は土地区画整理区域に予定されていた糟屋郡香椎《かしい》町の「唐原の博多湾にのぞむ小高い丘陵地帯」で約四万坪と広大な地域であった（香椎町は一九五五年に福岡市編入）。設備としては第一期として母子寮一〇寮、このほかに母子会館、作業所、保育園、診療所さらには山羊や兎、鶏舎建設も予定されていた。一一月には着工し、来春には第一期の建設が完了。経費は総額一、一〇〇万円で国庫と県の補助金、社会奉仕光華園、建設委員会などが負担し、県連合婦人会や女子青年団の募金活動によることとされた。将来的には五〇〇世帯にのぼる「婦人の町」の出現が予定された（『西日本新聞』一九四八・一〇・二五）。

「婦人の町」建設委員会は、久留米市の國武タキを委員長に県下各市町村から五〇余名の建設委員が選出されていた。この運動の中心にいたのは遺族会婦人部であった。折しも福岡県遺族会連合会では、先に述べたように、発足以来の遺族会の活動に不満を高めていた未亡人女性たちが遺族会婦人部を結成し、その活動を活発化していた。

一九四八年から発行された「遺族会だより」の一号から四号には、婦人部の動きや「婦人の町」構想に関する記事が集中的に掲載されている。一号では、県下未亡人有志が知事公舎で杉本知事と懇談し、遺児への教育費援助や母子寮および授産所の増設、婦人会館などの支援保護施設の設置などを求めたことが記されている。また、同二号には、八月二八日にも未亡人を含む県下婦人有志が同知事と「刻下の婦人の為すべき重大諸問題について懇談」し、香椎町に「婦人の町」を建設することに合意したとある。見出しも「〝婦人の街〟建設！女性は斯く決意する」とその強い期待と意気込みを伝えている。同四号には「婦人の町」の実現は県下遺族会の大いなる責任であり、かつ使

〃婦人の街〃建設！

女性は斯く決意する

「婦人は一つだい何にを為したか」との輿論の上に立つた縣下婦人（含未亡人）の有志者は八月二十八日知事公館に杉本知事を囲んで縣下の婦人の為すべき重大諸問題について懇談した結果「婦人の街」建設に意見の一致を見、ただちに之が建設の為の運動を開始することを申し合わせた。

意見の一致をみた〃婦人の街〃は第一期として母子寮二棟（一棟五十世帯、一世帯三人を單位とし押入附四疊半一部屋）を中心として授産所（作業所）保育園、病院、婦人會館、浴場〃共同炊事場〃農協等工費約一千餘萬圓を計上、その敷地は香椎町の香椎軍倉庫及その附近關係地一萬五千坪が豫定され、第二期第三期を通じて五百世帯という婦人だけの街をつくり上げる構想となつている。

しかして右のすばらしき事業を推進かつ強化するために「先ず一切の依存心を捨てわれ自の力だけを信じて行こう」との婦人同志の火を吐く情熱とたくましさは補助金を除く八百萬圓の自主的寄金獲得にむかつて全縣下に展開されるのであるが、この積極的かつ實践的な婦人運動は單に戦争の生んだ可憐な未亡人援護の人情を合け合うだけでなく、婦人の負うべきあらゆる社會問題をも自の手によつて解決しうる「婦人の愛の實力」を示す機會である。これに對し杉本知事は〃？の如く語つている。

婦人だけの運動によつて〃婦人の街〃がつくられるというのはそのことを聞いただけでうれしい。香椎の舊陸軍倉庫五棟が社會課によつて利用される豫定になつているが他に適當な換地建物があればその方を先ずそれに充てることも考えられよう。女子大の宿舎と一部敷室がつくられるがそれに隣接して婦人だけの街が構成されるのは環境から云つても適當である。何れにしても出來る限り援助を惜しまない。寄附行爲については何等制限するものではなく、理解ある人々の國民的愛情に大いに訴えていただきたい。縣とし國としても別に考慮したいと思う。

婦人生活の典型

國武タキ夫人語る

何時の世にありても婦人の地位はむしろ男性に優先しなければならない。それは婦人の持つすべてのもの〻健否がその時代の盛否を左右し決定するものであ〻たからである。今日の時代を直觀するがよい。この不健全な世の人の姿は直ちに婦人の、母のその姿ではなかつたろうか。と〻に婦人の街創設の構想成るに至つたが、それは單なる救濟事業ではなく婦人同志の惜しみなき愛と力を合わせて婦人の持つすべてのものをより美しく育て上げようとする「より高い婦人とその生活の典型」によるものである。であるから婦人の街は宗教、道徳、文化、學園、藝術の社會でもあろう

福岡県遺族会だより第2号
（1948年9月1日発行）

福岡県遺族会だより　第1号
杉本知事と面談する未亡人有志
（1948年8月1日発行）

未亡人の愛と力で『婦人の町』來月着工

福岡市外香椎の丘に

たゆみなく生きんとする未亡人への朗報―婦人同士が惜しみなく愛と力をあわせてつくろうと計画していた福岡市外香椎の「婦人の町」はいよいよ実現のはこびとなり廿三日市内材木町安国寺で開かれた[illegible]会の結果、来月一日着工することになった

この「婦人の町」は[illegible]所は福岡市外香椎町[illegible]にのぞむ小高い丘陵地帯で敷地四[illegible]上村キヨ子さん[illegible]が未亡人更生[illegible]万坪が八十万円で購入され、第一[illegible]の一助にと寄附して[illegible]、これが[illegible]第一期工事として一世帯母子三人平均と[illegible]県下一万六千世帯の未亡人母子の福[illegible]して一棟十世帯、母子寮が着工[illegible]祉となり、久留米市の國武タキ未[illegible]され、このほか同時に[illegible]亡人会[illegible]福岡県下の各市町[illegible]の手で[illegible]地内に母子会館、授村から五十名の[illegible]所、保育所、[illegible]がつくられれ実現のはこびになったもの、おそくとも来春には完成する

総工費は約千三百万円で、このうち[illegible]国と県の補助金が三百万円、社会[illegible]金から百万円が決定し、その他[illegible]から[illegible]百万円、[illegible]百年間の三百五十万円の[illegible]がはじまっている、また[illegible]共同募金から二百万円[illegible]するよう杉本知事の[illegible]もあり将来は同[illegible]五百世帯の[illegible]

婦人の町が出現することになっている、この婦人の町は自主自立を原則としておいおい外国向けの手工芸品の製作、図案出版業など[illegible]にのりだして、香り高い[illegible]と光の生活環境にしたいとの理想がもたれている

國武未亡人談　婦人のあるべきものが現代の動向を決定して来ます、婦人の町の理想はここから生まれました、私どもは決して単なる救済施設にするのではなく、飽くまでも一つの[illegible]婦人の社会を構成したいと思います（福岡）

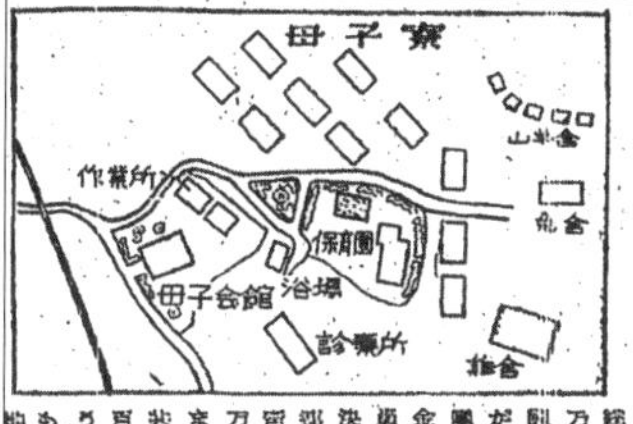

『西日本新聞』1948.10.25日付

命であると宣言し、建設地元である糟屋郡遺族会婦人部は、この「婦人の町」建設は、地元だけでなく全県下の課題であると、朝倉や嘉穂、三潴《みずま》といった他の遺族会と呼応し、その実現に向けて協力することを確認している。

幻と消えた「婦人の町」

「婦人の町」は、まずは未亡人に仕事を確保し、経済的な自立を目指すことを第一の目標としていた。図面には山羊や兎、鶏小屋などの家畜の飼育が予定されているが、これだけでなく授産施設として、靴下やせっけんなど輸出向け製品を製造する工場を建設するなどして、未亡人の働く場所、雇用を確保するといった案も出されていた。そのために保育所、共同炊事場もあり、さらに民主主義時代の新しい女性のための教養や修養の場として母子会館の設置なども予定されていた。

しかし、今日、この「婦人の町」計画が実現したことを物語る記録が見当たらない。「婦人の町」建設は、福岡県遺族会婦人部が総力をあげて取り組もうとしていたように見えるが、遺族会の三五年史および同五〇年史の「婦人部の活動」にも「婦人の町」運動に関わる記載はない。建設予定の地元であった『香椎町誌』(一九五三年発行)にも見当たらない。

同じ頃、「少年の町」建設というのがあった。一九四八年八月二一日の『西日本新聞』には「少年の町新設計　園児だけで協同組合」という見出しの記事がある。これは、福岡市百道の「孤児」

収容施設「松風園」で中学を終えた園児で商業組合、生産組合、組合銀行の三つの協同組合を作り、売店や浴場、理髪店や映画館まで経営したり、草花を作って市場に出したり、山羊やウサギを飼育し、牛乳や肉を売るというもので、園児たち自身の手によって仕事を創出し、生活自立を目指すものであった。松風園は、戦災で親を亡くした子どもたち、あるいは親の所在が不明で居場所を持たない、いわゆる「浮浪児」の保護対策として、一九四六年一二月に同胞援護会によって開設され、その後、県に移管された施設である。当時、この松風園の他に「若久緑園」などの保護施設があり、一九四六年から四八年にかけて収容された「浮浪児」は延べ七〇〇名以上に上っていた（福岡市 一九七八）。

「少年の町」も「婦人の町」もその名のとおり、戦後、戦争被害をもっとも集中的に負わされた子どもや母子家庭が自立して生活できる一大ゾーンの建設を目指したものであった。

後年、遺族会の婦人部長を長く努めた月形ハルエは、あれは、実現できるようなものではなくて、架空の町みたいなものだったが、未亡人たちの希望となり、それに向かって頑張ろうとしたのだと語っていたという（二〇一四 聞き取り）。

戦争によって家族を奪われ、困窮、孤独、差別といった負の遺産を背負わされた戦争遺児や未亡人母子家庭にとって、町構想は、そうしたものがあれば安心して希望を持って暮らせるという思いを抱かせるものであった。

「婦人の町」はユートピア、夢物語として断ち消えになったかもしれないが、県や市による未亡

人や母子対策は進められた。一九四九年の県議会では未亡人の援護対策が次のように記載されてい

現下の苦しい経済事情のもとに、一家の柱石を失い子女をかかえ日々の生活に困窮せる未亡人は、県下に約六万一千の多数に上っている。

これら未亡人に対しては、従来とも母子寮その他の授産施設等は講じたるも、今回計画的に家庭内職をあっせん指導し、資金の貸付・器具の貸与等をなして、彼らの自力更生に寄与しもって援護の策を強力に推進するため、所要経費千二百万円計上（福岡県議会事務局　一九五九）。

一二〇〇万円という予算は額から見れば決して少なくはなかった。しかし、未亡人たちの膨大な需要を満たすことはなく、未亡人会や遺族会婦人部は、それぞれ日々の生活に追われながらも相互扶助や行政への働きかけといった活動を続けた。

一九四八年には県の母子寮は六カ所、一九四九年には八カ所（福岡市、若松市、戸畑市、八幡市、久留米市、大牟田市、田川市、嘉穂郡）であったが、その後、各市でも母子寮の設置が進められた。

参考までに戦後の福岡市での母子寮等設置の経過は次のとおりである。

一九四六年　東公園内に千代母子寮（定員六三人）
一九四九年　西新町に市立（百道）母子寮（定員六〇人）
一九五一年　室見町に県立母子寮（定員四〇世帯）

一九五五年　西新町に藤崎母子寮（二〇世帯）

これら母子寮の多くは、近接して授産施設や保育所が設置され、授産所では主に和洋裁の内職が行われていた。このほか、母子住宅として名島団地や塩原団地が開放された。また一九五六年に高須磨母子住宅を建設するなどしている。母子福祉対策が進み、福岡県母子会館が天神一丁目に建設され、開館するのは一九六〇年三月のことである（福岡市 一九七八）。

また、未亡人を対象としていたわけではないが、当時、女性の職業技術の学校として福岡市に市立技芸補導所というのがあった。戦前の低所得層婦女子のために作られた市立授産所を引き継ぎ、一九四六年に改称されたもので、ミシン裁縫部、和服裁縫部、手芸部が置かれ、入所希望者が多く、同年一二月末には一〇八人の女性が在籍していた。引揚者、戦災者、離職者を優先して受け入れているが、一九四八年には市立共同作業所と名称が変わり、一三〇人近い女性が和洋裁や編み物を行っていた。一九五〇年には靴下生産で販売量が増え、好調な実績を上げたが、一九六五年以降、昭和四〇年代に入ると、経済成長、社会情勢の変化で入所者数はしだいに減少していったとある（福岡市 一九七八）。

戦後の困窮した未亡人や女性たちに、行政は技能指導を行い、就業機会の確保や生産器具の貸付けなどの援助を行っており、これによって助けられた女性もおり、その成果は否定されるものではない。しかし、その内実は裁縫、編み物といった賃金の低い、小仕事に限定されており、需要に比してその事業規模も小さかったと言える。これでは子どもを抱えた未亡人などが十分な生活費を得ることは難しかったと推測される。本稿では触れていないが、未亡人のなかには、やはり「売春」を伴う特殊飲食街、いわゆる「赤線地帯」などで働かざるを得なかった人は少なくなかった（川口二〇〇三、『西日本新聞』一九五四・一一・七）。

「社会的に見た未亡人」にみる女性解放論

最後に福田の女性解放論を簡単に紹介しておきたい。

福田は、女性差別に強い怒りを持ち、議員活動の第一の使命として女性の地位向上を掲げていた。こうした問題について福田が著したものは少ないが、書籍『未亡人』に寄せた「社会的に見た未亡人」からはある程度まとまった福田の女性解放論を読み取ることができる。

この書籍『未亡人』は、林髞を著者代表に堀秀彦、篠崎信男、福田昌子ら四名の共同執筆によるもので、副題に「生理・心理・実態・社会問題」とある。要書房という出版社から一九五二年の一〇月に発行されているが、四人の著者についての略歴、所属等の紹介はなされていない。このため、この福田昌子がはたして衆議院議員の当該福田昌子であるかは著書上では確認できないのだが、当時、福田昌子という同姓同名の学者や社会活動家は見当たらず、また、この著書の代表である林髞（ペンネーム木々高太郎）とは一九四九年五月一五日に『朝日新聞』に掲載された「解決迫られる人口問題」という座談会で同席していることから、両者は知己であったと推測され、衆議院議員の福田昌子と同一人物とみて誤りではないと判断した。よってこの『未亡人』の著書から福田の問題意識や認識を拾ってみたい。

未亡人問題は、一九五〇年前後、盛んに議論され、世間では良きにつけ悪きにつけ雑誌や週刊誌の記事に取り沙汰されている。とくにカストリ雑誌では性的な好奇心を煽るなど、揶揄《やゆ》するメディアも多く、それが余計にこの未亡人問題を歪曲し、母子家庭を生きにくくさせていたのも事実である（青木 二〇〇九）。

この著書もそうした社会事象を受けて発行されており、序文にはその執筆の意図が記されているが、それは「戦争に対する反省」と、これが「全女性の問題であり、引いては男性にとってもゆるがせにし得ざる問題」であるから、「現代の課題であるのみならず、将来の社会問題」の中心として、「その生理的、心理的、社会的の意義」を検討するというものであった。福田はこのうち社会的な観点から執筆し、寄稿している。

福田は、どちらかといえば理論的な分析を好む人である。女性の置かれた状況やその原因、解決を社会構造から読み解こうとする。しかし、一方で女性に読んでもらうには、こうした理屈だけでは不十分という認識があったと見られ、かくて論文は、「ある同窓会」という小説仕立てで始まり、当時の女性の状況を特徴づける準未亡人（夫が戦地からの未帰還者）を主人公に、四〇歳前後の子育て期の女性の生活状況や心情が描かれている。こうした記述は女性読者に身近なものとして読んでもらおうという配慮であったと思われる。福田は、未亡人問題を派生させている社会への憤りを持つとともに、その当事者である女性を念頭に置きながら、彼女たちにとってリアルで、関心を持ってもらうことに重きを置いていた。論文の最後は、自身が経験した身の上相談の事例紹介で結んでいる。

付言しておくと福田は、社会党の機関紙『社会タイムス』の身の上相談のコーナーを河崎ナツらと共に担当しており、女性の生活に根差した細々とした相談事の回答者となっている（『社会タイムス』一九五二）。こうした経験も影響してか、文章には女性の現実に即した話を付け加える傾向がみられる。時に、それは上からの目線で説教調でもあり、また通俗的でもあるのだが格調高い論文より現実的な読んでもらえる文章を目指すのが福田の執筆姿勢であったとも言える。

さて、本論に入ると、本題の構成は、一、未亡人という名の女性、二、不幸な未亡人問題が起こる理由、三、未亡人の解決策、四、過渡的な段階における解決策、となっており、状況分析、原因分析、解決策というきわめて分かりやすい論じ建てである。

未亡人はなぜ不幸なのか

まずは「未亡人」という言葉に嫌悪感を示すが、それについては先に述べたとおりである。「未だ亡びざる人」とは「何と人を馬鹿にした名前」で、多くの男性がこの人権を無視した観念を持ち合わせていると憤慨する。

外国での未亡人問題にも言及しており、先進文明国、欧米では同様の問題を抱えているが、日本とは異なり未亡人に対して生きる方法や社会保障制度が整備されていることを紹介している。そして、約五〇〇万人の母子世帯について、戦争未亡人、未帰還者の準未亡人、離婚による母子世帯の各比率や家族構成、年齢構成、就業や生計の実態、さらに母子寮や生活保護、育英資金等の社会保障の利用状況について分析説明を行い、一部の例外を除けば、未亡人世帯は、経済的に困窮し、生活が疲弊しがちであることを具体的に指摘した。

注　当時、日本社会党では戦争未亡人が約二〇〇万人、普通未亡人が約二九〇万人、総数約五〇〇万人という数値を示していた（『社会タイムス』一九五二）。

さて、未亡人問題の原因をどう捉えていたかであるが、問題を五点指摘している。

一点目は「日本ではまだ女性の人間としての尊重、基本的人権が確立していない事」である。新憲法で結婚は、両性の合意のみに基いて成立し、家庭は共同生活であり、夫と妻は同権と規定されている。しかし現実は封建的な慣習そのままに、女性は相変わらず男子の従属物視され、外で民主主義を唱える男性でさえ、自分は愛人を作り、特飲街に遊びに行くが、家庭ではなお妻の自由も権利も認めないと男女平等の意識が育っていないことをあげる。

二点目は「教育面においても、女子教育は一段と低く蔑視され、男子にかしずく事を中心にして、社会性と独立性を持たない女性に育てる事を本旨として来た」のであり、基本とされた良妻賢母教育は、高い教養、人格形成などとは無縁なものであった。さらに職業教育にしても将来、独立できるだけの技術ではなく、中途半端であるため、夫を亡くし、社会に出ようとしても自活できる手段を身につけていないと指摘する。

三点目はこうした教育を受けた結果としての「女性の自覚の不足」で、妻自身も人間としての権利と自由、自分の能力に対する自覚と努力が持てず、ただ「女である」ことのみに依存する「娼婦的な存在の妻さえ出来上る」。こうした社会性を失った妻が未亡人になれば「路頭に迷うのは当然」とした。

四点目は社会保障制度の不足で、これが未亡人の悲劇に拍車をかけていると述べ、同年（一九五三年）に施行された「母子福祉資金の貸付等に関する法律」の内容について貸付対象者、貸付の種類や貸付額などを具体的に説明。まだ周知も十分でなく、貸付額も少ないが少しでも利用するよう呼びかけている。そしてこの法律だけで未亡人を救済し得るものではなく母子福祉法など、さらなる母子福祉政策の強化が焦眉の課題と国の未亡人に対する社会保障制度の不十分さを批判した。

最後に第五点目は経済力の問題を取り上げる。一部の有能な人や資産家を除けば、多くの未亡人は経済力のないのが実情であり、未亡人の最も切実かつ大切な問題は、経済力の問題であるとする。女子の労働人口の半数は農業従事者であるが、雇用となると職場での女性差別は著しい。いろいろな職業部門に進出しても、とくに「女子の勤務は生活の補助」と考える男性も多く、男子の封建制が大いに禍いして女子の昇給は阻まれ、殊に上役に相変らず理解のない人」が多い。家庭と職場の両立が難しく長期の安定した仕事が確保できない。労働三法があっても女子にはないに等しい。これでは未亡人が自立できる経済力を持つことはとうてい無理だと指摘している。
以上のことが未亡人の生活を困難にし、生き難さを強いている原因だとし、その解決策として、次のように提案した。

再婚より自立せよ

当時、「世間」は、未亡人問題の解決策を「再婚」に求めがちであった。戦時中は「前線の士気を低下させる」という理由で再婚は禁止の方向であったが、戦後は一転、再婚奨励による「生活自立」の声が高まった（北河 二〇〇五）。法律家であった三宅正太郎はその代弁者であったと言ってよいだろう。彼は日本の現状から、未亡人が職業を得て子どもと共に自立できるなど、とうてい無理だとする立場から、もっとも現実的な解決として再婚を盛んに進める言論活動を行っていた（三宅 一九四七）。

福田は女性に「貞操」や「二夫に見《まみ》えず」といった間違った性観念を押しつけることには反対で、それらは「人間性を失う、非人間的な道徳」であると断言し、再婚を否定するものではないが、その一方で「生活に困るから気は進まないけれどやむなく生活の手段として――というような結婚には簡単に賛成出来ない。何時また、二重の不幸を繰り返さないとも限らない」と、安易に再婚を生活の手段として選択したところで生きがいのある人生は望めないと警告を発した。

そして「兎に角、未亡人問題の解決の第一は根本的には女性の人権を尊重し、未亡人という言葉が持つような男子に隷属した自主性のない立場が慣習の上においても払拭される事」であり、未亡人の生きやすさが民主政治、人道政治のバロメーターだとして、解決策として次の点を指摘する。

教育においては、これまで女に高い学問は必要がない、かえって結婚の妨げになると教育の機会を奪いがちであったことを批判し、これからの女性には高い素養を身につけることが最優先課題とした。

男女共学は前提であり、自主性を指導し、男女は基本的に平等であること、結婚は共同作業で対等であること、女性は家庭人であると同時に社会人として有能な必要な生き方をすべきであることを教え、社会人としての独立と人権を育て、生活能力を持てる職業教育を行うことの必要性を強調した。

そして女性たちに対しては、経済的に自立することの大切さへの自覚を促し、次のように期待を述べた。

とくに若い女性は、いまだ「職場にあるのは結婚するまでであり、結婚こそが相変らず女性の生きる道であり、幸福への道であると考えている人が多く、従って職場の仕事より結婚の仮装の相手や、或は想像した結婚生活に対するロマンチックな夢を追い過ぎて、折角の職場に対して男子程の熱意が欠け」たり、女性の地位を上げるための労働運動にも無関心な人が多く、相変わらずファッション誌や映画などばかりに興味を抱くという、きわめて残念な状況にあると嘆く。大切なことは、

「これからの女性は何時でも社会人として歩けるだけの自覚と素養を身につける事」で、「女性自身も法律によって守られている諸権利をよく学びとり、自覚し、これを活用する事」であると説く。

また、「未亡人の中には未亡人であることを標榜して、社会の同情と、弱い者に対する特権を利用して哀れみを乞うて生きて行こうというような卑屈で悲しい考え方をする人もある」が、「本質的にこのような弱い気持では到底社会の荒波は切り抜けられない」とし、「何といっても未亡人は大きく決心して大いに強く赤裸々な姿になってたくましく生き抜くことであり、虚栄を捨てる」ように叱咤激励した。

制度的な変革は時間がかかる。一方、未亡人の生活は今日、明日をどう生きるかである。後半の過渡的な解決策では、いきおい、未亡人に現実の厳しさに弱気にならず、また古い道徳に縛られず、荒波を切り抜けるようにと精神的に鼓舞する記述となっている。

福田はこのほか、当時、盛んに発行されたカストリ雑誌などで、未亡人は性的好奇心の対象として描かれることが多いが、一方では「貞操」や「二夫に見えず」といった道徳観念の押し付けもあり、それが未亡人の生き難さを増幅していると指摘した。そして、先にも触れたが、これまでの男性の性欲は、「ほしいままの我儘をなして性欲過剰の状態」で、女性には「極端に禁欲生活を強制」し、性欲についての勝手な間違った空論をデッチ上げて「女性の生活を不自然に拘束して」きたと、その性のあり方、認識にも疑問を投げかけた。

福田は、世間から、とやかく言われる女性の貞操観念について「勿論、女性の高い貞操観念は必要なものであり、尊いものであるが、それはあくまでも自己の身心の純潔の為にこそ価値があるのであって、処女であるかないか、初婚か再婚かで人間の価値評価が変るべきものではない」と、性に関わる価値はその個人に帰属するものと考えていた。

最後はスタンダールの言葉、「生きた、書いた、恋した」を引用し、「生き切ったという実感を持ち得る生活、之が最も望ましい生甲斐のある生活」だと人生論を披露した。

このように福田は、未亡人問題とは、これまでの日本の封建的な女性蔑視政策がもたらした矛盾そのものであると捉え、これを解決するには、社会的、政治的な女性解放政策が必要と説いた。社会主義者は女性差別の問題を、男女の対立構図で描写することをできるだけ避け、資本主義体制がもたらす階級の問題として解説をしがちである。福田は政治、経済、教育といった社会構造を押さえながら、その本質をジェンダーによる差別として考えており、封建的な性差別意識を色濃く持つ男性のあり方やそれを内面化した女性の意識や行動に批判を加えている。当時の女性議員には鋭く小気味よいほどの性差別批判をする人がいた。大石ヨシエや堤ツルヨにもそうした傾向がうかがえる（小沢 一九八三）。階級の枠に閉じこもらない性差別に対する批判、認識は福田の「女性解放論」にも示されていたと言える。

福田は一九六〇年に政界を退いて以降、学校法人福田学園で女子教育に力を入れることになる。女子学生たちに「これからの女性は何でもやらなくてはだめ」と口酸っぱく言い、「新しいことを

（表）福岡県下の未亡人会・母子会の活動

期間 1946-1970 年頃

生計・自立促進事業	母子会、母子福祉会など（地域名）
母子金庫・母子銀行	三潴郡、遠賀郡、八女郡、久留米市、三井郡、田川郡、築上郡、糸島郡など
公共施設の食堂、売店の業務委託	
競輪場・市民会館の売店	久留米市
競艇場の売店委託、臨海荘運営	遠賀郡
老人施設の食堂業務委託	鞍手郡
市立病院の下足預かり業務	大牟田市
市民会館の売店	柳川市
オートレース場の売店	飯塚市
飯塚総合庁舎の売店	嘉穂郡
和裁講習	山田市、三潴郡、八女郡、築上郡、小郡市、筑紫野市など
調理講習	山田市、三潴郡、筑紫野市など
衣類の仕立て受注	築上郡（呉服店から） 嘉穂郡（小中学校の制服・運動服）
軍手編み・毛糸編み	遠賀郡、行橋市など
博多人形工場誘致・技術者養成	遠賀郡
会運営・活動資金調達	
カーネーション作り販売	山田市、八女郡、筑紫郡、飯塚市、筑紫野市、春日市など
友情ハガキ、友情ハンカチの販売	山田市、筑紫野市など
運動会での売店やバザー	山田市、宗像郡、田川郡、春日市、筑紫野市など
花見や大祭など地区の催しでの売店、貸ゴザ、自転車預りなど	大牟田市、八女市、浮羽郡など
生活物資販売 （お茶、乾物、小物など）	山田市、築上郡、豊前市、田川郡、春日市など
映画上映会（チケット販売）	筑紫野市、糸島郡、三潴郡、浮羽郡、宗像郡など
一升瓶やボロ布集め （回収業者から手数料）	糸島郡など
文化事業	
母子家庭を明るくする運動、県主催の芸能コンクール、のど自慢大会、1年に1度の母子慰安旅行、夏休みキャンプ、「一日お父さん」行事、教室（生け花、手芸、俳句、短歌）など	

注 当表は福岡県母子福祉連盟会発行の『創立30周年記念誌　明日を信じて30年』(1982年)に掲載された「35の綾〈市郡のあゆみ〉」から抜粋したものである。

ここでは各市や郡単位の母子福祉会などの団体がこれまでの活動を振り返って報告、手記を寄せており、各会によってその内容はまちまちである。この表に記載された活動内容とそれに該当する支部は、報告手記に記載されたものに限られており、表に示した項目について触れられていない支部もあることから、活動の一部であり、県下母子会等の団体すべての状況を網羅していないことをお断りしておきたい。

記載されなかった団体においても、同じような取り組みがなされたものと推測される。また、各母子会などの活動資金作りの事業が各母子家庭の生計のための事業を兼ねていることもある。

なお、各団体の参加地区は市町村合併・分離などの再編により変更され、組織替えがなされているが、当表の各地域名は、参考とした上記書籍が編集された1982年頃の報告団体に拠っている。

やると評価してくれた」（「桃花会」座談会二〇一三・一一・三〇）という。この「社会的に見た未亡人」でも女性解放の基本として教育の大切さは力説されていた。これを書いた時の思いは、政治家から教育者となって引き継がれたのであろう。

終章

国会に別れを告げて

女性差別への怒り

福田は議員になるまで、とくに女性の地位向上を目指した運動家ではなかった。同時代の議員には、社会党では、加藤シヅエ、藤原道子、神近市子、戸叶里子、、山口シヅエ、参議院では河崎ナツ、赤松常子らがいる。無所属では市川房枝もいる。市川や河崎などが戦前から女性参政権獲得運動を担っていたことや、こうした女性議員の少なからずが無産政党運動や女性運動などに関わっていたことを考慮すると、福田にはそうした実績もなく、医師という職業も含め、少々異質の存在であったと推測される。しかし、福田の国会での活動を見ていくと、女性差別に対する怒りや女性の地位向上という思いが強くあったことが分かる。

国会の質疑での女性差別に関わる発言を簡単ではあるが、もう少し紹介しておこう。

一九五三年七月の予算委員会でMSA相互防衛援助協定に関連して、発言のトップに立った福田は、外務大臣や木村篤太郎国務大臣を相手に質疑していたところ、防衛五カ年計画の質疑で政府の答えが硬直したのに業を煮やす。そして、木村国務大臣がよく使う「男なら」という言葉を引き合いに出し、こういう時に男なら潔く計画案を提出してはどうかと迫るとともに、「女なら、男なら」という言葉は、封建的で女性蔑視の考え方で遺憾だから今後は使わないようにと釘をさしている（衆議院　一九五三・七・一三、『読売新聞』同日夕刊）。この時の委員会は、福田を除く委員四六名と大臣や政府委員など一四名は、すべて男性であった。六〇名の男性陣のなかで女性一人であるが、福田は、こうして臆することなく女性差別的な発言を糾弾していた。また、同年の予算委員会第二分科会でも女性労働者の賃金をめぐって、女性の能力が劣っているといった女性蔑視に異議を唱え、任用や配置での機会均等や賃金格差の是正を延々と求めている（衆議院　一九五三・七・一三）。

福田は、寄稿した雑誌の短文などで「女性が解放されるためには」という言葉を使っている。その女性解放論を体系的に知る手がかりは少なく、前述した『未亡人』という共著に寄稿した「社会的に見た未亡人」ぐらいであるが、福田は、女性の貧困や不幸は経済力がないことであり、一人の人間として誇りを持って生きるには、男女平等の労働の場を保障することが第一義であると考えていた。そうした女性解放を実現するには政治を変える必要があり、国会議員としての自分の任務はそこにあると確信していた。そして女性には、教育を受け、男性に頼らず生きるたくましさを身につけるよう求めていたが、そのたくましさは、女性に対する根強い差別意識が露骨に表出される国会という場で、男性議員たちに毅然と立ち向かう姿勢を持って自らも示していたと言えよう。

先にも触れたように、福田は、選挙活動の際の新聞記者のインタビューに答えて「私は十四、五の少女時代から、世の中の不合理を感じ取っていた。貧富を生む階級制度、権力の横暴と権力への卑屈さ、男女の差別など。それいらい私はつねに社会の仕組に大きな憤りを持ちつづけてきた」と述べている。

福田にとって女性差別との闘いは、その政治活動のなかで避けて通れぬものであった。その後、福田は、一九五八年の第二八国会で「衛生検査技師法」を議員立法として提出、成立させるが、それが事実上、国会での最後の活動となった。

福岡市長選挙へ

福田は一九四七年に初当選してから、一九五八年の選挙で落選するまでのおよそ一〇年の間に、六回の選挙を経験している。衆議院議員の任期は四年だが、この当時、国会も混乱することが多く、一九五三年には吉田首相のバカヤロー解散で、一九五二年の前回選挙から六カ月で、また選挙という事態もあった。平均二、三年で解散、選挙のパターンが繰り返されている。福田の選挙区は福岡一区だが、この当時は、中選挙区制で定員五名、福田が属する社会党は、おおよそ二名の当選者を出すという状況であった。一九五二年の選挙では、社会党左派の候補者が福田一名となったこともあるが、前評判の自由党の緒方竹虎を抜いて六万二〇〇〇票以上獲得し、トップ当選を果たしている。福田の政治活動では、この五〇年代前半がもっとも安定して精力的な活動がなされた時期と言える。

国会での活動は東京であるが、地元福岡での活動にも専念している。社会党県連の会議や講演会、集会への出席はもちろんだが、米軍に接収された空港や病院等の返還問題、九州を襲ったデラ台風への被害支援など地元の問題に対する対応などもあった。選挙での得票にこうした地元での活動が大きく影響する。五〇年代後半からはやはり、その活動に若干陰りが見られたのであろうか。東京での活動、法案提出など国会活動に重きが置かれたと言えるかもしれない。

福田は、議員立法として提出した「衛生検査技師法」を第二八回国会で成立させた。当初、この法案は自由党の八田貞義と福田の提出者二名によるものであったが、のちに三九名の議員が名を連ね再提出された。一九五八年四月八日に行われた参議院の社会労働委員会には、提出者として赴き、質問に対応。可決された際には、「適切な御慎重な審議」と、不備な点に修正をいただき、「ありがたく感謝いたします」と深々頭を下げた。政府の法案に批判的な発言を行う福田とはまた別の姿があった。

この法案成立後、国会は解散し、同年五月に行われた選挙で初めて落選する。この選挙は、社会党が左右統一し、保守も自民党が結成され、二大政党対立下の初めての選挙であった。政治的には、安保改定、警職法・勤評闘争などの重要案件を抱え、戦後の転換点ともいえる状況であったが、社会党は議席を大幅に減らした。この選挙で、「社会党王国」と言われた福岡ですら、福岡一区で当選したのは、同じ医師の河野正だけであった。選挙の取材で、福田の選挙事務所を訪れた西日本新聞の記者は、事務所の企画担当者の話として「これまでになく苦戦」、「地元工作が少なすぎる」、「代議士稼業に忠実すぎたということ」かと書き留めている。

しかし、福田は落選したとはいえ、政治活動をやめる気など、さらさらなかった。次の選挙に臨むつもりであった。前回選挙落選から二年後の一九六〇年のことである。一方、所属する社会党県連は新しい動きを模索していた。一つは、楢崎弥之助の擁立であった。楢崎は、青年時代から社会問題に関心を持ち、松本治一郎の家に出入りし、社会党員として県連青年部などで活躍していた。四〇歳になり県連書記長として活動していた楢崎を衆議院議員として立候補させるという動きが県連のなかで高まる。そして五月、県連の第四回選挙対策委員会で福岡一区について、福田引退、楢崎を候補とすることが決定された（衣笠 一九八三）。

福田は、その後、九月に予定されている福岡市長選への候補者として出馬を強く要請されることになる。福田は、この方針に強く反発し、八月二五日には、社会党本部から八百板選対委員長を迎え、徹夜の協議調整がはかられるが、そこでも福田は「公認問題がどうあろうとも、総選挙に立候補することに変わりはない」という強い意志を見せていた。しかし、その後も説得工作が続けられ、鵜崎多一県知事や本部選対委員長が間に立って出馬を要請した。福田が説得を受け入れたのは、

福岡市長選挙、繁華街天神で市民に訴える福田昌子（1960年9月1日付『西日本新聞』西日本新聞社）

九月一日、公示四日前のことであった。

不本意ながらの承諾であったことは明らかであった。福田は立候補にあたって次のように述べている。

「一生を国政にささげる気持ちで働いてきましたが、地元の熱意にほだされ、〝火中のクリ〟を拾う決心をしました。市政は右に傾かず、左に片寄らずというのが私の信条です」（『西日本新聞』一九六〇・八・二八）。こうして、福岡市で初めての女性市長候補として選挙に臨んだ。しかし結果は落選。元副知事であった阿部源蔵が当選する。

再び衆議院議員総選挙へ

福岡市長選で落選した後、福田は生涯を決する大きな決断を迫られることになる。しかし、福田には、何としてでも国政に挑戦する、総選挙には出るという思いだけは揺らぐことなくあった。一一月の総選挙に無所属で立候補することを決意する。この決断が当落で考えれば無謀であることは一目瞭然であった。無所属で立候補して、まず、当選することは考えられないことであった。しかも、これまでの社会党との関係も失いかねなかった。政治生命を絶たれることにもつながる。

福田は、選挙運動で、マスコミの取材に一言こう答えている。社会党については、「政策には一つも批判はない。でも公党としての運営に不満がある。（中略）一生をかけたわたしの理想をぜひ政治のなかで実現させたい」と（『西日本新聞』一九六〇・一一・一一）。

一生をかけた私の理想とは何だったのか。街頭に立った福田は、「わたしは、こんど無所属で立ったが、政治信念はかわっていない。貧乏と失業者をなくし不幸な人を助ける政治、働く人の生活を向上させる政治、女性とくに母親の権利と生活の向上などに努力する」と述べたという（『西日本新聞』一九六〇・一一・五）。さらに第二九回衆議院議員総選挙の選挙公報では次のように述べている。

私は女性の生活向上と権利の拡張を希求してやまない。それ故に私は政治への執着を捨てきらないのです。（中略）

子供は母親の智性と指導性の如何によって、ある程度良くも悪くも左右されるものであると思います。私はそのような女性の資質を伸ばして行きたい。そしてその育成に適合するような施設を政治的に完備させて行きたいと思います。（中略）

私は少くとも議員の一割（五〇名）は女性議員であって欲しいと思うのです。折角憲法によって与えられた参政権を自覚し、行使することで婦人の幸福を守りたいと思っております。

社会党を離党し、いっさいの援助がなくなった選挙活動にあたって、それまでの社会党の公約から離れた、福田の思いが凝縮されているように見える。

一九六〇年一一月二〇日、最後の選挙戦が終わった。「一生を国政に捧げたい」という思いは、厳しい現実の前で叶うことはなかった。

時代は、新安保条約が強行採決され、三井三池闘争も中労委の斡旋を受け入れ、闘争も終結の気配を見せ始めていた。戦後の大きな山場、政治の季節であった。

福岡市長選挙、そして衆議院議員総選挙と二度の敗北に帰した福田は、政治活動からきっぱり身を引くことになる。

妹の純子によれば、福田が社会党を離党したのち、自民党の同じ福岡選出の参議院議員劔木亨弘から「自民党に入党して自民党のために働いてくれないか。君だったら厚生大臣間違いなしだ」と誘いを受けたという（福田純子　一九九七）。六〇年選挙の直前、池田内閣のもとで初めて女性の厚生大臣が誕生した。中山マサである。中山マサは、保守の女性議員として引揚者問題や社会保障関係でその存在を示していた。外務委員会や厚生委員会などで同席することの多かったこの中山の大臣就任は福田の心をやはり動かしたであろう。しかし、福田は政界にもどることはなかった。医師に復帰することもなく、妹の純子とともに福田学園、純真女子短期大学の学長として教育に専念することになる。

純真女子短期大学の一回生など、初期の学生のなかには、福田の選挙活動を手伝った人もいる。同短大は国文科に始まって、家政科、英文科と規模を大きくしていくのだが、設立当初の学生たちは少人数であったせいか、福田の講義を受けた人もおり、親睦会などで接点があった学生も少なくない。彼女たちは、「昌子先生からは、これからの女性は何でもやらなくちゃだめよ」と何度も言われた。福田は、「新しいことをやると評価」し、「これからの女性は、これからの女性は……」を口癖のように学生に説いていたという（「桃花会」座談会 二〇一三・一一・三〇）。

一九七五年一二月三〇日、福田は病気のため六三歳の生涯を終えた。折しも、国連で世界的な規模で女性の問題が取り上げられるようになった「国際婦人年」の年であった。

あとがき

私が彼女の足跡を調査し始めた頃、何人の人から「もう少し早かったら」という言葉を聞かされただろうか。確かに彼女の政治活動をまのあたりに見てきた、貴重な「証人」となられる方は、ほとんど亡くなられていた。国会では秘書に中山美智子さんという人がいたという。福田はこの中山美智子をかなり信頼していたと思われ、一九五八年の選挙落選後であろうが、中山は、福田が理事を務めていた日本母性保護医協会の事務局に勤務している。また、一時期、福田学園の理事も依頼している。中山美智子は、その後、一九六三年に東京都中野区の議員に立候補して初当選、一九九五年に引退するまで八期三二年間、区議会議員を務めた。社会党からの立候補でつねに高得点で当選する人気の議員だったという。残念ながら二〇一〇年頃に亡くなられており、もっとも身近で福田の活動を見てきた人からの話を聞くことはできなかった。しかし、福田にとって秘書の中山美智子が区議として、政治活動にその後の人生を注いでくれたのは嬉しいことであったに違いない。

福岡の社会党県連で共に活動をした方々も亡くなられており、残念ながら「証言」らしい話を聞くことはできなかった。私が追うことができたのは国会議事録のなかでの福田というほんの一部にしかすぎない。しかし、彼女は戦後の日本の大転換の時代に、女性の人権や生活に関わる法律の整備に深くコミットしている。これらの課題にいかに熱意とやりがいを持って向き合ったかは十分にうかがうことができたと思っている。

学生時代より過ごした福岡の地に戦後、女性の国会議員はいなかったの？　という素朴な疑問から出発したこの調査のおかげで、私は、福田昌子の衆議院議員としての活動を通して、この戦後改革期という、重要な時代転換の時期を「追体験」できた気持ちでいる。

当初、福田昌子という議員がいったいどういう考えの持ち主で、どういう活動をしたのか、誰に聞いても「知らない」という答えしか返ってこず、女性たちの間ですら戦後の地元の女性議員の足跡を共有できていないことに疑問は感じたものの、知る手がかりは少なかった。当初の思いは随分、頼りないものだったが、福田昌子は語るに十分な人であった。

地域女性史を掘り起こす醍醐味は、やはり身近に感じることで、歴史が一般的な事象ではなく、より自分の心に響き、認識が変わり、それが自分の生き方やあり方にも影響をおよぼすことだと改めて感じている。

福田の素顔を語る材料はほとんど持ち合わせていない。国会での言動から良くも悪くも人間的にはきわめて率直な人だったという気がしている。国会議員の時代に、女性雑誌などからインタビューを受けたこともあるが、そのなかに『装苑』という雑誌で「一五年以上愛用の私の服」というコーナーに、黒っぽいがっちりしたスーツ姿で登場している。「私たちの着る服は大体が労働服ですから、男もののように裏にも表にもこんなにたくさんポケットがついている」と紹介し、自分で仕立てたものらしく、「私は女学生時代から自分でデザインしたり縫ったりするのが好き」だから同じ服を長く着ても飽きないのだと述べている。純真女子短期大学の初期の卒業生で選挙運動を手伝ったという方も「服装にはお構いなしのところがあって、スカートの裾がほつれていたり、ストッキングもね、伝線が入っていたり」と首を傾げることもたびたびで、きちんとした服装になったのは、学長や理事長の職に専念するようになってからだという（「桃花会」座談会 二〇一三・一一・三〇）。

もう一つ雑誌『家庭よみうり』の一九五三年六月号に「私の顔」というコーナーで、女性の代議士八人が自分の顔についてコメントしている。カラーではないため正確ではないかもしれないが、和装派と洋装派がほぼ半々で、みんな黒っぽい、地味な感じの服装をしている。肝心の顔についてだが、福田は「私なんか、背は低いし、こんなオカメで、アクセサリーとしか見えない眼鏡ごしの顔でしょう。だから婦人代議士むきの顔なの」と評し、国会の委員会で口ごもって、赤くなったとき、「お前の顔で……」と自分に言い聞かせたとたん、それ以来、度胸がついたと笑い飛ばすような発言を残している。

純真女子短期大学で福田の講義を受講した卒業生は、「国会議員のこととか政治の話は、全然してくれなかった。その代り、ヨーロッパに行ったときの話はよく聞かされた」が、それも、「パリでは橋の上で恋人同士が抱き合ってキスしてる」という話しだったという。福田は一九五二年一〇月に、イタリアのミラノで開かれた「社会主義インターナショナル大会」に赤松勇と共に出席しており、フランス社会党本部も訪問している。福田はこの時に見かけた、恋愛や性に対する考え方が一歩進んだパリの女性の様子を学生たちに話していたのだろう。福田は、女性の性についても当時としてはかなり解放的な考えの持ち主である。先にも触れたが「男性の性慾は極めて能動的で我慢出来ないものであるが、女性の性慾はいくらでも我慢出来るものであると、勝手なとんでもない生理学の空論をデッチ上げて女性の生活を不自然に拘束して来た」のであり、女性が自立的に生きていくためには「セックスの解放」が必要というのが彼女の持論であった（福田　一九五三）。性欲論に限らず、福田は「医学的に視ても女性の頭脳は男性のそれに比して能力的に然《ママ》しも劣るものではない。それ故に我々は恐れてはならない」と述べ、女性差別と闘うことに一歩の怯《ひる》みも見せなかった（福田　一九四八）。

私は、福田の発言で「優生」や「断種」に顔をこわばらせ、この「セックス」や「避妊」、「女性解放」といった言葉を堂々と述べる姿には、思わず顔をほころばせたものである。

福田はなぜ政界を引退したのか、さらにその後に選択した道が産婦人科医にもどることではなく学園経営であったのか、その理由は分からないでいる。

一九五八年に選挙で落選して以降、六〇年の選挙までの二年間、次期選挙の準備をしながらも、一方で学園運営にも関わりを深めていたと思われる。福田学園の運営の実務は、福田の選挙活動を支えてきた妹、純子さんが実質担っていた。福田の母親である千代さんは、終戦直前に郷里の吉富町に帰り、一九五八年、福田が初めて落選した年の一一月に亡くなっている。

政治活動を引退した後、専念することになった福田学園であるが、学園は純真女子高等学校としてそのスタートを切っており、それは一九五六年のことである。翌年の一九五七年には当時、まだ数の少なかった女子の短期大学を開設しており、福田は一九五八年の選挙公報の略歴欄に同短期大学学長と記載している。福岡では、その知名度もあって当初から福田昌子の創立した学園として知られている。しかし、一九五六年当時、あれだけ国会議員の職務に打ち込み、「生涯の仕事」とまで思い入れていた時期に、福田が学園の創立、運営に着手したということは不思議に思われる。

いつか選挙に落選し政界を去る時のことを考え、その後の道として準備したのだろうかと、そんな疑問を漏らしていた時、同短大の同窓会一回生の方から、妹の純子さんが書いた自叙伝『純真への道』を紹介された。それによれば、学園の創設は妹純子さんの希望によるもので、純真の純は、純子の純にちなんで決定し、自分が理事長を務めたと述べられていた。この話に基づくと、妹、純子の事業に女子高等教育の必要を感じていた姉の昌子が支援したのではないかと推察される。二人の間でどのような話し合いが行われたのか不明なままである。いずれにしても福田が本格的に学園運営に関わるようになったのは、選挙落選後、一九六〇年以降のことである。

そしてその頃、各地で多発していた労使紛争は福田学園でも起こっており、福田は使用者側として対応を迫られることになる。一方、学園は工業系大学を新設するなどその規模をしだいに拡大していく。義妹の福田光子さんによれば、福田昌子は自分が医学系であったことから、看護科からさらに医系の学部学科、大学を作りたかったのではないかと思うと話されていた。

純真短期大学（現在は男女共学）の構内には、福田昌子の銅像がある。木々に囲まれ、ひっそり大学を見守っているかのようだ。しかし、私には、どうもこの着物姿の座した昌子像はおとなしすぎて、なじめないでいる。

女性が参政権を獲得して七五年が経過した。福田と同時期の女性議員であった大石ヨシエは、毒舌家であったが、「婦人代議士はまじめなものである。ふまじめな女の代議士は一人もおらん」と述べている（大石　一九五六）。確かにそうだったのだろう。男性議員は堂々とセクハラ的言動を行うが、それは大目にみられ、ごまかされて終わる。一方、女性議員は、ちょっと何かをしてもスキャンダルになる、攻撃される、国会審議で油断すれば男性議員たちの嘲笑にさらされるという状況であった。売春防止法成立までの戦後約一〇年の間に在籍した女性国会議員を第一期とすれば、彼女たちは、人によって程度の差はあれ、参政権の重みと自らの使命をもっとも自覚していた議員たちであったのだろう。

福田が政界を引退した後、福岡ではその後三〇年余、女性の国会議員不在の時代が続いた。衆議院議員に限ってみれば、四〇年近い空白期間である。それは九州全県に共通する。女性を政治の場へと声高に唱えても、なかなか女性の政治参加は進まず、戦後七五年になる今でも女性が政治の世界に出ていくこと、さらに政治家として活動することには困難がつきまとう。また、社会的にも政治家に対するまなざしには当然厳しいものがある。しかし、政治が私たちの社会、国のありようを方向づけていく。国や地方自治体を問わず、女性の議員を増やしていくことは、何よりジェンダー差別解消、女性総体にとって急務となっている。

福田は六〇年前に、「せめて議員の一〇%を女性にしたい」と最後の選挙で訴えていた。今日の状況を目にしたら何と言うだろう。

そして、福田たちが担った時代の課題は、過去の解決した問題ではない。優生思想、リプロダクティブ・ヘルス/ライツ、多様化する性産業、セックスワーク論、看護・介護労働、シングルマザーの生活難、女性の貧困など、新たな問題を内包しながら、現在もなお「女性解放」、フェミニズムの課題であり続けている。

参政権を獲得し、政治を通して社会を未来を変えようと奮闘した戦後改革期の女性議員たち。こうした女性議員たちの歩みを検証し、継承していくことが、次世代の政治を担う女性たちに自信と勇気を与え、そしてエールとなり、政治権力のジェンダー平等を実現していくことにつながるよう願っている。

本稿の調査にあたっては、福田光子さん、別所一恵さん、東定喜美子さん、衣笠哲生さん、西嶋友子さん、東野利夫さん、故上尾龍介さん、梅木茂さんほか、多くの方々からお話を聞かせていただき、また助言やご指導をいただいた。また、資料収集にあたっては、福岡県立図書館、福岡市総合図書館、(公財)市川房枝記念会女性と政治センター、衆議院事務局、国立国会図書館などにお世話になった。心からお礼を申し上げたい。

なお、本稿は、二〇一六年より発行した『福岡　女たちの戦後』の第1号から第3号までに掲載した「福田昌子とその時代」⑴から⑶に加筆修正したもので、このような本にまとめていただき、刊行を引き受けてくださったドメス出版、編集の矢野操さんに心から感謝申し上げます。女性史への深い理解と女性研究者への惜しみない支援を与えてくださり、名著の多いドメス出版の刊行物に拙著を加えてくださるのは、恐縮しつつも、このうえもなく嬉しいことです。

最後に、本書を書き上げるまで、助言し激励してくださった皆様、そして歴史に関心を持たせてくれた亡き父、九〇歳を超えて元気で見守ってくれた母に感謝の言葉を捧げたい。ありがとうございました。

二〇二〇年一〇月

佐藤　瑞枝

福田昌子関連略年表　(1912 ~ 1975 年)

西暦	内閣		関　連　事　項
1912 (M.45)		**7. 8**	**出生（福岡県築上郡吉富町出身）**
			福岡県福岡高等女学校卒業
1934 (S.9)			**東京女子医学専門学校卒業**
			スイス・フランス・イギリス等ヨーロッパを訪問
1940 (S.15)			**九州帝国大学医学部専科に学び、ヒスタミンの妊婦に及ぼす影響の研究で博士号を取得**
			九州帝大医学部附属病院・済生会福岡病院・天王寺至誠会関西支部病院で産婦人科医として勤務
			大阪府内政部衛生課技官
			東京都衛生局公衆衛生課技官
1945 (S.20)	8.17 東久邇宮	8.15	ポツダム宣言受諾により敗戦
		8 月	「特殊慰安施設協会（RAA）設立・「小町園」慰安所開設
		8.25	戦後対策婦人委員会設立（市川房枝・山高しげり等）
	10.9 幣原	10.11	GHQ 5 大改革指令
		10.16	GHQ 花柳病（性病）対策に関する覚書
1946 (S.21)		1.21	GHQ 公娼廃止の覚書
		3 月	GHQ 看護教育審議会設置
		〃	GHQ、RAA 施設への連合軍兵士の立入禁止、施設閉鎖
	5.22 吉田 第 1 次	4.10	女性参政権行使、衆議院議員総選挙（39 名の女性議員当選）
		6 月	武蔵野母子寮の「未亡人」を中心に戦争犠牲者遺族同盟結成
		7. 4	**父、福田喜久司死去**
		11. 3	日本国憲法公布
		11 月	日本産婆看護婦保健婦協会発足（現 日本看護協会）
1947 (S.22)		1.31	GHQ 2・1 ゼネスト中止命令
		4.25	**第 23 回衆議院議員総選挙初当選（1 期目）**
	5.24 片山	5. 3	日本国憲法施行
		7.10	**第 1 回特別会厚生委員会で初質問を行う**
		8 月	**加藤シヅエ、太田典礼らと優生保護法案提出（第一次）**
		9. 1	労働省発足、婦人少年局新設（局長 山川菊栄）
		6.12	**超党派の議員立法「優生保護法案」提出（第二次）**
		7.10	風俗営業等取締法公布

西暦	内閣		関　連　事　項
		7.13	**優生保護法公布、福田・谷口共著『優生保護法解説』発行**
	3.10 芦田		**福田「西日本優生結婚相談所」所長**
		7.15	性病予防法公布
1948 (S.23)		7.29	薬事法改正・避妊薬発売許可
	10.15 吉田 第2次	7月	売春等処罰法案（第1次法案）審議未了・廃案
		7.30	保健婦助産婦看護婦法公布
		10月	福岡県「婦人の町」建設構想を発表
		1.23	**第24回衆議院議員総選挙当選（2期目）**
	2.16 吉田 第3次	4月	**日本母性保護医協会発足・理事、『母性保護法早わかり』発行**
1949 (S.24)		5月	**母子福祉対策国会議員連盟発足（福田、理事となる）**
		6月	優生保護法第一次改正
		6.25	未亡人対策懇談会（厚生省、母子福祉対策国会議員連盟等）
			レッドパージ始まる
1950 (S.25)	吉田 第3次	6.25	朝鮮戦争勃発
		7.11	福岡県未亡人代表者協議会設立
		11.29	全国未亡人団体協議会結成大会
		4.14	保健婦助産婦看護婦法一部改正公布・6月GHQオルト帰国
		8.21	**「松本治一郎民主陣営復帰歓迎人民大会」出席**
		10月	**社会党左右分裂（福田、左派社会党に属す）**
1951 (S.26)	吉田 第3次	10.1～9	**「福岡県平和推進国民会議」平和講演会講師**
		10.28	**福岡県本部左派県代表者会に出席（県連左右分裂）**
		11. 2	公娼制度復活反対協議会結成（矯風会など80団体参加）
		11月	第一回全国母子福祉大会（全国未亡人団体協議会主催）
		12. 3	**党勢拡張のため九州遊説、福岡市で演説**
		1. 9	**福田ら福岡市新柳町の博多「一楽」視察**
		1.10	福岡県風紀取締条例公布
		1.13	**左派社会党福岡県連第7回大会で顧問に選出**
		4月	優生保護法第2次改正
1952 (S.27)	10.30 吉田 第4次	4.28	サンフランシスコ講和条約発効
		10. 1	**第25回衆議院議員総選挙当選（トップ当選 3期目）**
		10.15～11.23	**社会主義インターナショナル大会（イタリア・ミラノ）に参加**
		12.29	母子福祉資金の貸付等に関する法律公布

西暦	内閣		関　連　事　項
1953 (S.28)	5.21 吉田 第5次	3.14	吉田首相の「バカヤロー解散」
			売春等処罰法案（第2次法案）審議未了廃案
		4.19	**第26回衆議院議員総選挙当選（4期目）**
		7.27	朝鮮戦争休戦協定調印
			夏に沖縄訪問、「沖縄を見殺しにするな」を寄稿（『婦人公論』11月号）
			福田著「社会的に見た未亡人」(林ほか著『未亡人』所収)発行
		10.13	福岡県未亡人大会開催
		11. 8	売春禁止法促進のため衆参婦人議員団結成
1954 (S.29)	12.10 鳩山 第1次	**1.25**	**婦人団体連合会主催　働く婦人の声をきく会出席**
		2. 2	政府、売春問題対策協議会を発足
		2. 8	売春禁止法制定期成全国婦人大会開催
		3. 1	ビキニ水爆実験第5福竜丸被爆
		4月	サンガー夫人来日・日本家族計画連盟結成
		5.10	売春等処罰法案（第3次法案）提出
		6. 3	**防衛二法・警察法案で乱闘国会・福田ら大臣席を占拠**
		6.13	**左派社会党福岡県連第9回定期大会に列席**
		12.14	**図書館運営常任委員長就任**
1955 (S.30)	3.19 鳩山 第2次 11.22 鳩山 第3次	**2.27**	**第27回衆議院議員総選挙当選（第5期）**
		6.14	売春等処罰法案（第4次法案）提出
		7.16	**福田ら女性代議士、売春禁止法の国会成立を法相に陳情**
		7.21	衆議院本会議で売春等処罰法案否決
		10.13	日本社会党統一大会
			秋　中華人民共和国訪問（医療現場などを視察）
1956 (S.31)	12.23 石橋	2. 1	**学校法人純真学園設立・4.1 純真女子高等学校開校**
		2.3～5	**全日本婦人議員大会に出席**
		3月	**政府、売春対策審議会を設置**
		5. 2	政府「売春防止法案」国会提出
		5.18	売春禁止法制定貫徹全国大会
		5.24	売春防止法公布
		6月	売春対策国民協議会発足
		12.18	日本、国連加盟

西暦	内閣		関　連　事　項
1957 (S.32)	2.25 岸 第1次	 4. 1 4.22 〃 11.15	**学校法人福田学園と改称、純真女子短期大学開学、学長就任** 売春防止法（一部）施行 社会党訪中使節団　毛沢東と会見 **日本看護協会創立10周年記念式典（福田、メッセージを送付）** 売春防止法完全実施・売春汚職徹底追及国民大会
1958 (S.33)	6.12 岸 第2次	**1.22** **4月** **5.22** 9月 11月 **11.26**	**婦人団体主催「新しい年の政治に望む集い」に出席** **議員立法「衛生検査技師法」提出・成立** **第28回衆議院議員総選挙落選** 勤評反対統一行動 警職法改悪反対統一行動 **母、福田千代死去**
1960 (S.35)	7.19 池田 第1次	**5.28** 6.23 **8.29** **9.13** **11.20**	**社会党県連、福田昌子引退、1区候補は楢崎弥之助に決定** 新安保条約発効 **社会党県連第9回選対で福田昌子福岡市長候補に決定** **福岡市長選落選** **第29回衆議院議員総選挙（無所属で立候補）落選**
1971 (S.46)	佐藤 第3次	**4.10**	**婦人参政25周年婦人の地位向上貢献者として表彰**
1975 (S.50)	三木	6月 **12.30**	国際婦人年世界会議開催（メキシコシティ） **死去　63歳**

年表参考

『日本社会党福岡県本部の三五年』、『純真への道』、『初期の看護行政』

『近代日本総合年表第四版』、『現代婦人運動史年表』

『日本婦人問題資料集成』第1巻、第6巻、第10巻、『西日本新聞』

引用・参考文献

序章

柳本見一・毎日新聞西部本社編 一九九四『激動二十年 福岡県の戦後史』葦書房（一九六五年、毎日新聞西部本社発行の復刻版）九五―九六頁
小島恒久 一九九三「戦後の女性運動」福岡県女性史編纂委員会『光をかざす女たち 福岡県女性のあゆみ』西日本新聞社 四三二―四三四頁
吉富町史編さん室 一九八三『吉富町史』ぎょうせい 四五六―四五七頁
福田純子 一九九七『純真への道』私家版 七二―七三頁
福田昌子 一九四〇 博士論文「妊娠時血液尿及臓器のヒスタミン含量の増加並其の機転について」国立国会図書館蔵
吉岡弥生 一九六七『吉岡弥生伝』吉岡弥生女史伝記編纂委員会編、日本図書センター 一九九八『人間の記録63 吉岡弥生』
西川祐子 一九七八「吉岡弥生」『人物日本の女性史一二 教育・文学への黎明』集英社
酒井シヅ編 二〇〇五『愛と至誠に生きる―女医吉岡彌生の手紙』NTT出版 二三八頁
衣笠哲生監修・日本社会党福岡県本部党史編さん委員会編 一九八三『日本社会党福岡県本部の三五年』日本社会党福岡県本部 五、六、二五頁
川向秀武 二〇一一「精一杯生きてきた―宮本秀雄さんに訊く（四）」福岡県人権研究所編『リベラシオン No.一四三』一二〇―一二二頁
福田昌子 一九四八「議員随想 婦人問題の今昔」『国会』一九四八年九月発行 国会社 四五頁

福田昌子　一九五二「戦後六年間の婦人議員の反省」『婦人公論』一九五二年六月号 中央公論新社　七九頁
石川真澄　一九九五『戦後政治史』岩波書店（岩波新書）
福岡県人権研究所　二〇〇三『松本治一郎　西日本人物誌一六』西日本新聞社
部落解放同盟中央本部編　一九八七『松本治一郎伝』解放出版社
岩尾清治　二〇〇五『遺言・楢崎弥之助』西日本新聞社
藤原道子　一九七二『ひとすじの道に生きる』集団形星　日本図書センター　一九九八『人間の記録74　藤原道子』一六六頁
園田天光光　二〇〇八『女は胆力』平凡社新書　七八—七九頁
福岡県選挙管理委員会　一九八一『戦後35年福岡県の衆議院議員選挙』
河野清子　一九九一「婦人参政権　完全普通選挙制誕生下の女性たち」『「昭和」聞き語り』毎日新聞西部本社編　葦書房　一三二頁
大石ヨシエ　一九五六『あほかいな』鱒書房（文芸社　二〇一一　復刻版　二一〇頁）
福田昌子　一九五三「沖縄を見殺しにするな」『婦人公論』一九五三年一一月号
岩尾光代　一九九九『新しき明日《あす》の来《きた》るを信ず―はじめての女性代議士たち』日本放送出版協会
読売新聞西部本社編　一九六七『福岡百年　下　日露戦争から昭和へ』浪速社
西日本新聞社福岡県百科事典刊行本部　一九八二『福岡県百科事典　下』西日本新聞社
西日本新興倶楽部編　一九六〇『福博人事交友録一九六一年』西日本新興倶楽部
九州時事新報社編　一九六二『福岡市紳士録　昭和37年版』九州時事新報社
夕刊フクニチ新聞社ふるさと人物記刊行会編　一九五六『ふるさと人物記』夕刊フクニチ新聞社
日本国国会全議員名鑑編纂委員会編　一九八六『日本国国会全議員名鑑上・中・下』日本国体研究院

第一章

太田典礼　一九八〇『反骨医師の人生　太田典礼自伝』現代評論社　三四、三六頁
加藤シヅエ　一九八一『ある女性政治家の半生』ＰＨＰ研究所　日本図書センター　一九九七『人間の記録12　加藤シヅエ ある女性政治家の半生』五一、六七頁
加藤静枝　一九四六『産児制限と婦人』読売新聞社　三頁
太田典礼　一九六七『堕胎禁止と優生保護法』経営者科学協会　一六四、一六五、一七〇、一七一頁
斎藤千代編　一九八三『あごら28号　産む　産まない　産めない』ＢＯＣ出版部　一七八頁
ヘレン・Ｍ・ホッパー　一九九七『加藤シヅエ　百年を生きる』加藤タキ訳　ネスコ
日本母性保護医協会編　一九七〇『二十周年記念誌』南山堂　二一四、一九六、一五四、二〇五頁
荒木精之　一九六四『谷口弥三郎伝』久留米大学谷口弥三郎顕彰会　二八二、三〇三、五六一頁
谷口彌三郎・福田昌子　一九四八『優生保護法解説』研進社
日本母性保護医協会編　一九四九「母性保護医報一号」
楠本雅彦　一九四九『避妊薬と避妊法』時事通信社　八九、八一、八八頁
太田典礼　一九七〇『性の権利　堕胎解放の歴史』三一書房　一二、一七頁
東野利夫　二〇〇七『昭和残映抄』愛成書房　一六七頁
石濱淳美　二〇〇四『太田典礼と避妊リングの行方』彩図社　一五頁
山本めゆ　二〇一六「『二日市保養所』との出会いと再会」『福岡　女たちの戦後』第1号　戦後の女性記録継承プロジェクト 六七頁
松原洋子　一九九七「〈文化国家〉の優生法―優生保護法と国民優性法の断層」『現代思想』Vol.二五―四　青土社

福田昌子　一九四九『優生保護法早わかり』日本母性保護医協会
太田典礼　一九七六『日本産児調節百年史』出版科学総合研究所　三六一、三八四、三八七頁
東野利夫　二〇一三年一二月一八日　筆者聞き取り
清水幾太郎・海後宗臣編　一九六六『資料 戦後二十年史　5　教育・社会』日本評論社　社会 七一、三四九頁
荻野美穂　二〇〇八『「家族計画」への道　近代日本の生殖をめぐる政治』岩波書店
廣野喜幸・市野川容孝・林真理編　二〇〇二年『生命科学の近現代史』勁草書房
神奈川大学評論編集専門委員会編　一九九四『医学と戦争　日本とドイツ』神奈川大学評論叢書　第五巻　御茶の水書房
山本起世子　二〇〇五「戦後日本における人口政策と家族変動に関する歴史社会学的考察」園田学園女子大学論文集　三九
藤野豊　一九九八『日本ファシズムと優生思想』かもがわ出版
横山尊　二〇一五『日本が優生社会になるまで　科学啓蒙、メディア、生殖の政治』勁草書房
毎日新聞社取材班　二〇一九『強制不妊　旧優生保護法を問う』毎日新聞出版

第二章

厚生省医務局編　一九七六『医制百年史　記述編』『同　資料編』ぎょうせい　記述編　四七八頁　資料編　五六〇頁
C・F・サムス　一九八六『DDT革命 占領期の医療福祉政策を回想する』竹前栄治編訳　岩波書店
江刺昭子・史の会編著　二〇〇五「積しな　社会運動家」『時代を拓いた女たち　かながわの131人』神奈川新聞社　一五〇頁

女性の歴史研究会　二〇〇三『会誌第三号　女性解放運動のさきがけ　新婦人協会の研究　特集・花柳病男子結婚制限法制定の運動』
折井美耶子・女性の歴史研究会編　二〇〇六『新婦人協会の研究』ドメス出版
防衛施設庁史編さん委員会編　一九八三『防衛施設庁史　第二巻 各論編第二部』防衛施設庁総務部総務課　二〇六頁
戦後の女性記録継承プロジェクト　二〇一六『福岡　女たちの戦後』第1号　一五頁
森崎和江　一九九三『買春王国の女たち　娼婦と産婦による近代史』宝島社　一二三頁
篠崎正美　一九九三「性と愛の解放に向かって」福岡県女性史編纂委員会『光をかざす女たち 福岡県女性のあゆみ』西日本新聞社　三一五頁
福田昌子　一九五四「赤線区域と主婦」『夫婦生活』夫婦生活社　一九五四年八月号　五二、五三頁
福田昌子　一九五三「日本の政治と厚生行政」『厚生』一九五三年二月号　厚生問題研究会　中央法規出版　三六頁
福田昌子　一九五三「社会的に見た未亡人」林髞ほか著『未亡人』要書房　七七頁
藤野豊　二〇〇一『性の国家管理―買売春の近現代史』不二出版　一八三頁
福田昌子　一九五五「否決された売春禁止法　婦人を人間としてあつかわない政治」『新女性』五六号　新女性社　五〇頁
市川房枝編　一九五六『全日本婦人議員大会議事録』婦人参政十周年記念行事実行委員会・残務整理員会
林葉子　二〇一五「公娼廃止後の廃娼運動　売春防止法制定過程における女性議員の役割」『戦後日本思想と知識人の役割』出原政雄編　法律文化社　二〇七頁
藤目ゆき　一九九七『性の歴史学　公娼制度・堕胎罪体制から売春防止法・優生保護体制へ』不二出版　普

及版　四〇一頁
ドウス昌代　一九七九『敗者の贈物　国策慰安婦をめぐる占領下秘史』講談社
ジョン・ダワー　二〇〇一『敗北を抱きしめて　第二次大戦後の日本人（上）』岩波書店
平井和子　二〇一四『フロンティア現代史　日本占領とジェンダー　米軍・売買春と日本女性たち』有志舎
恵泉女学園大学平和文化研究所編　二〇〇七年『占領と性　政策・実態・表象』インパクト出版会
菊地夏野　二〇〇一「フェミニズムと『売買春』論の再検討：『自由意志対強制』の神話」『京都社会学年報』第九号
茶園敏美　二〇一四『パンパンとは誰なのか　キャッチという占領期の性暴力とGIとの親密性』インパクト出版会
四谷信子　二〇一〇『あるオンナ党員の半生』労働者運動資料室
竹前栄治　一九九二『占領戦後史』岩波書店　同時代ライブラリー119
住本利男　一九八八『占領秘録』中央公論社（中公文庫）
市川房枝編　一九七八『日本婦人問題資料集成　第一巻 人権』ドメス出版
『性暴力問題資料集成』二〇〇五　第一一巻、第一二巻、第一三巻　不二出版

第三章・第四章

亀山美知子　一九九三『新版看護学全書　別巻7　看護史』メヂカルフレンド社
大石杉乃・ライダー島崎玲子　一九九二「GHQ公衆衛生福祉局初代看護課長オルト少佐のBiography Part1 日本駐留までの経緯」『日本看護科学会誌』一二号
金子光編　一九九二『初期の看護行政　看護の灯たかくかかげて』日本看護協会出版会　一、五―七、一一、一三、二一八頁

二至村菁　二〇〇二『日本人の生命を守った男　GHQサムス准将の闘い』講談社
金子光　一九九四『看護の灯高くかかげて　金子光回顧録』医学書院　六八、八三、八四、一二二、一二三、一六〇〜一六二頁
C・F・サムス　一九八六年『DDT革命　占領期の医療福祉政策を回想する』竹前栄治編訳　岩波書店　六六、二六五、二七三、二七四頁
ライダー島崎玲子・大石杉乃編著　二〇〇三『戦後日本の看護改革　封印を解かれたGHQ文書と証言による検証』日本看護協会出版会　六五、六八、七八頁
文部省　学校基本調査　一九五〇年版（政府統計ポータルサイトより）
ライダー島崎玲子　一九九〇「被占領下（一九四五―五一年）における日本の看護政策一―七」『看護教育』一九九〇・二〜一九九〇・八
大林道子　一九八九『助産婦の戦後』勁草書房　二七、三六、三七、五二頁
林塩　一九七四『この道幾山河　わが白衣の半生』林塩自叙伝刊行会　日本医療事務管理士協会　二〇四頁
大石杉乃・芳賀佐和子　二〇〇四「保良せきと第二次世界大戦後の看護改革」『東京慈恵会医科大学雑誌』119
日本看護協会編　一九六七『日本看護協会史　第一巻』日本看護協会出版部　五五、八一、一九八頁
全日本国立医療労働組合編　一九七八『全医労三十年の歩み』一九、二八、一九三頁
金子光　一九八五「戦後看護界出来事誌(六)　保助看法制定をめぐって」『看護』一九八五年一月
『看護学雑誌』一九五〇年一一月号「第一次甲種看護婦国家試験を顧みて」医学書院
『看護学雑誌』一九五一年九月号　靜思庵一徑「男の受験した看護婦国家試験」医学書院　五八頁
藤原道子　一九七二『ひとすじの道に生きる』集団形星　日本図書センター　一九九八『人間の記録74　藤原道子』

井上なつゑ　一九七三『わが前に道はひらく　井上なつゑ自叙伝』日本看護協会出版会　一二九、一三〇頁
平岡敬子　二〇〇〇「占領期における看護制度改革の成果と限界」『看護学統合研究』Vol.Ⅱ No.1　九、二二、二四頁
保健師助産師看護師法60年史編纂委員会編　二〇〇九『保健師助産師看護師法60年史―看護行政のあゆみと看護の発展』日本看護協会出版会　七頁
西内正彦著・母子保健史刊行委員会編　一九八八『日本の母子保健と森山豊　すべての母と子に保健と医療の恩恵を』日本家族計画協会　一五五頁
上村千賀子　二〇〇七『女性解放をめぐる占領政策』双書ジェンダー分析16　勁草書房　七―九頁
ベアテ・シロタ・ゴードン　一九九五『1945年のクリスマス　日本国憲法に「男女平等」を書いた女性の自伝』柏書房　四五頁
エレノア・M・ハドレー　二〇〇四『財閥解体　GHQエコノミストの回想』東洋経済新報社
竹前栄治　二〇〇二『GHQの人びと　経歴と政策』明石書店　二三、八二頁
大石杉乃　一九九七「Grace Elizabeth Alt の看護思想」『東海大学健康科学部紀要三号』
大石杉乃　二〇〇四『バージニア・オルソン物語　日本の看護のために生きたアメリカ人女性』原書房
大森文子　二〇〇三『大森文子が見聞した看護の歴史』日本看護協会出版会
ジョン・ダワー　二〇〇一『敗北を抱きしめて　第二次大戦後の日本人（上）』岩波書店　一六三頁
富岡次郎　一九七二『日本医療労働運動史』勁草書房
杉山章子　一九九五『占領期の医療改革』勁草書房
橋本紘市　二〇〇四「GHQ／SCAP／PHWと「医学教育審議会」―占領期医学教育改革の審議内容と政策過程―」（一）（二）『東北大学大学院教育学研究科研究年報　第五一、五二集』
厚生省医務局編　一九七六『医制百年史　記述編・資料編』ぎょうせい

第五章

林䜌ほか著　一九五三『未亡人　生理・心理・実態・社会問題』要書房　五九頁

一番ヶ瀬康子編　一九七八『日本婦人問題資料集成　第六巻　保健・福祉』四七、五四、五三四、五六三、六一六頁

守田厚子　一九九五『生きてきた道　母子福祉ひとすじに歩んだ女の人生』ぎょうせい　六七、七五頁

井上哲男　一九五六「戦後十年の母子福祉」『社会事業』三月号　全国社会福祉協議会　一八頁

植山つる　一九八六『大いなる随縁　植山つるの社会福祉』全国社会福祉協議会　二八二頁

北河賢三　二〇〇〇『戦後の出発　文化運動・青年団・戦争未亡人』AOKI LIBRARY　日本の歴史　現代　青木書店　一四一頁

北河賢三　二〇〇五「戦争未亡人と遺族会・未亡人会」早川紀代編『戦争・暴力と女性3　植民地と戦争責任』吉川弘文館　一五九、一六二頁

福岡県議会事務局編　一九五九『詳説福岡県議会史　昭和篇第三巻』五一三頁

福岡県母子福祉連盟会編　一九八二『創立30周年記念誌　明日を信じて30年』五五、六四、八九、九〇頁

福岡県遺族連合会・サン出版企画編　一九八三『三十五年のあゆみ、財団法人福岡県遺族連合会』一八六、一八七、二〇一、二〇二頁

福岡県遺族連合会五十年誌編集委員会編　一九九五『英霊とともに　福岡県戦没者遺族の五十年』福岡県遺族連合会　二〇三、二〇九、二一八頁

福岡縣遺族會連合會「福岡縣遺族會だより」第一号（一九四八年八月）―一三号（一九四九年九月）五号欠

福田純子　一九九七『純真への道』私家版　一四、二五頁

香椎町役場編　一九五三『香椎町誌』二一九、三二六頁

福岡市編　一九七八『福岡市史　第八巻　昭和編後編（四）』一一、三三、三四、四七―五〇、五三頁
福岡県遺族会連合会事務局聞き取り（筆者）二〇一四年九月一日
川口恵美子　二〇〇三『戦争未亡人　被害と加害のはざまで』ドメス出版　一四三―一四七頁
青木デボラ　二〇〇九『日本の寡婦・やもめ・後家・未亡人　ジェンダーの文化人類学』明石書店　一二二頁
日本社会党機関紙『社会タイムス』一九五二年三月〜五月、一九五二年一二月六日付
三宅正太郎　一九四七「未亡人よ、再婚せよ」『主婦の友』二月号、三月号　『三宅正太郎全集第二巻』一九五〇　好學社　二五一頁
小沢遼子　一九八三「女の戦後史⑤　婦人議員　その存在意義は小さくなかった」『朝日ジャーナル』一九八三・四・二二号』
純真短期大学同窓会「桃花会」役員会・福田昌子座談会　聞き取り（筆者）二〇一三年一一月三〇日
福岡県社会福祉協議会編　一九八二『福岡県社会福祉事業史　下巻』三四―四四頁、『同　別冊』〇四―一〇九頁
福岡県　一九四七・一九四八『福岡県統計書』
労働省婦人少年局　一九五七『未亡人等の雇用の実情』婦人労働調査資料第二七号
山高しげり　一九七七『母子福祉四十年』翔文社、日本図書センター　二〇〇一『人間の記録136　山高しげり』
林千代　一九九二『母子寮の戦後史　もう一つの女たちの暮らし』ドメス出版
千代田明子　二〇一〇『戦争未亡人の世界　日清戦争から太平洋戦争へ』刀水書房
田中伸尚・田中宏・波田永実　一九九五『遺族と戦後』岩波書店（岩波新書）

終章・あとがき

衣笠哲生監修・日本社会党福岡県本部党史編さん委員会編　一九八三『日本社会党福岡県本部の三五年』日本社会党福岡県本部　一八九頁
福岡県選挙公報　第二九回衆議院議員選挙公報（昭和三五年一一月二〇日投票）
福田純子　一九九七『純真への道』私家版 五〇頁
『装苑』一九五三年六月号　文化出版局　五六頁
『家庭よみうり』三四六号 一九五三年六月号　読売新聞社出版局　一七頁
福田昌子　一九五三「社会的に見た未亡人」林髞ほか著『未亡人』要書房　七七頁
福田昌子　一九四八「議員随想　婦人問題の今昔」『国会』一九四八年九月発行　国会社　四五頁
大石ヨシエ　一九五六『あほかいな』鱒書房（文芸社　二〇一一 復刻版 二二三頁）
上尾龍介 二〇一二「一塊のパン」『野田寿子全作品集』土曜美術社出版販売
純真短期大学同窓会「桃花会」役員会・福田昌子座談会　聞き取り（筆者）二〇一三年一一月三〇日
純真短期大学同窓会会報誌「桃花会」No６ 二〇一二
『福田学園四十年誌』一九九八　学校法人福田学園
福田昌子　一九四九「酒、煙草、女」『ルック・エンド・ヒヤー』一九四九年九月号　診療協力会出版部　四八頁
福田昌子　一九五六「新中国見たまま聞いたまま」『保健婦雑誌』一九五六年二月号　医学書院
福田昌子　一九五八「女を救うものは女　落選婦人議員の願い」『婦人九州』十一号　婦人九州社
福田昌子　一九五八「品性を堅持せよ　婦人の学究態度　福田代議士語る」『福岡女専新聞』一九五八年三月二二日発行

写真提供等

衣笠哲生監修・日本社会党福岡県本部三五年史編纂委員会編『日本社会党福岡県本部の三五年』日本社会党福岡県本部　一九八三年
金子光『看護の灯高くかかげて　金子光回顧録』医学書院　一九九四年
福岡県遺族会連合会『福岡県遺族会だより』一九四八年
公益財団法人　市川房枝記念会女性と政治センター
長瀬清子・ひろたまさき監修　岡山女性史研究会編『近代岡山の女たち』三省堂　一九八七年
日本国国会全議員名鑑編纂委員会編『日本国国会全議員名鑑上・中・下』日本国体研究院　一九八六年
西日本新聞社
朝日新聞社

『西日本新聞』
一九四六年二月二六日付、三月三日付、一〇月一日付
一九四七年三月二七日付、四月六日付、四月一六日付、四月二三日付、四月二七日付、六月一日付
一九四八年八月二一日付、八月二五日付、一〇月二五日付
一九五二年一月一〇日付、一月二九日付
一九五三年一二月三〇日付
一九五四年二月七日付
一九五八年五月四日付、五月一〇日付
一九六〇年八月二七日付、八月二八日付、八月二九日付、一一月五日付、一一月一一日付

『夕刊フクニチ』

一九四七年四月二七日付、四月二八日付
『読売新聞』
一九四七年八月二二日付
一九四九年一一月五日付
一九五三年七月三日付夕刊
一九五五年一二月一〇日付
『朝日新聞』
一九四七年四月二七日付
一九四八年五月一五日付
『夕刊新大阪』
一九四七年一一月一〇日付

国会議事録

衆議院

一九四七年七月一〇日 厚生委員会議録第三号、一〇月二日 厚生委員会議録第一九号、一〇月六日 厚生委員会議録第二〇号、一一月六日 厚生委員会議録第二八号、一一月一〇日 予算委員会議録第一九号、一二月一日 厚生委員会議録第三五号
一九四八年六月二日 厚生委員会議録第五号、六月二四日 厚生委員会議録第一四号、六月二九日 厚生委員会議録第一九号、六月三〇日 治安及び地方制度委員会議録第四八号、七月二日 厚生委員会議録第二一号
一九四九年四月二七日 厚生委員会議録第一三号、五月一三日 本会議録第二七号、五月二一日 厚生委員

会議録第二三号

一九五〇年三月二五日 法務委員会議録第一八号、四月一日 厚生委員会公聴会議録第一号、四月一八日 厚生委員会議録第二八号、七月二七日 厚生委員会議録第五号、一一月二七日 厚生委員会議録第一号、一一月三〇日 厚生委員会議録第二号、一二月五日 厚生委員会議録第五号、一二月六日 厚生委員会議録第六号

一九五一年三月一〇日 厚生委員会議録第七号、三月三一日 厚生委員会議録第二二号、五月一九日 厚生委員会議録第二五号

一九五二年一月二九日 厚生委員会議録第二号、四月一七日 厚生委員会議録第二三号、一二月一五日 厚生委員会議録第五号、一二月一五日 本会議録第一三号

一九五三年二月二八日 外務委員会議録第二一号、三月一一日 外務委員会議録二三号、五月二九日 予算委員会議録第四号、七月三日 予算委員会議録第一四号、七月一三日 予算委員会第二分科会議録第二号

一九五四年二月二四日 外務委員会議録第一〇号、三月一六日 外務委員会議録第一八号、五月一 七日 法務委員会議録第六三号

一九五五年六月三日 予算委員会第三分科会議録第一号、七月九日 法務委員会議録第三三号、七月一三日 法務・社会労働委員会連合審査会議録第一号、七月一九日 法務委員会議録第三九号、一二月九日 予算委員会議録第四号

一九五七年四月五日 社会労働委員会議録第三五号

一九九八年九月一六日 厚生委員会議録第五号

衆議院厚生委員会看護制度に関する小委員会議録

一九五〇年一一月三〇日、一二月四日 会議録第一号、一二月六日 会議録第二号、一二月一〇日、一二月一三日 会議録第一号

一九五一年一月二九日 会議録第二号、二月一四日 会議録第三号、二月一六日 会議録第四号、二月二〇日 会議録第五号、三月二日 会議録第六号、三月六日 会議録第七号

参議院

一九四八年六月一二日 厚生委員会議録第一一号、六月一九日 厚生委員会議録第一三号、六月二五日 厚生委員会議録第一六号、一二月一一日 予算委員会議録第七号
一九四九年三月二三日 厚生委員会議録第一号、三月二五日 厚生委員会議録第三号、五月一三日 本会議録第二六号、一〇月二六日 厚生委員会議録第一号、一〇月二七日 厚生委員会議録第二号
一九五一年三月一九日 厚生委員会議録第一五号、三月三一日 厚生委員会議録第二三号、五月二三日 厚生委員会議録第二九号
一九五二年一二月一八日 厚生委員会議録第一一号、一二月一九日 本会議録第一三号
一九五三年一一月一九日 法務委員会議録第一号
一九五五年七月一九日 法務委員会議録第一八号
一九五八年四月八日 社会労働委員会議録第二〇号
一九九六年九月一二日 決算委員会閉会後会議録第六号

や

ゆ

よ

わ

せ

た

つ

と

な

に

は

き

く

け

こ

さ

し

す

索　引（人名、団体・組織）

著者紹介

佐藤　瑞枝（さとう・みずえ）

1957年　大分県生まれ
九州大学文学部史学科卒業
2015年から戦後の女性記録継承プロジェクト（福岡女性史研究会）を主宰　会誌『福岡 女たちの戦後』発行

福田昌子とその時代
　戦後改革期 女性国会議員の10年

2021年3月5日　第1刷発行
定価：本体2400円＋税

著　者　佐藤　瑞枝
発行者　佐久間光恵
発行所　株式会社 ドメス出版
東京都文京区白山3-2-4 〒112-0001
振替　00180-2-48766
電話　03-3811-5615
FAX　03-3811-5635
http://www.domesu.co.jp

印刷・製本　株式会社 太平印刷社

ISBN 978-4-8107-0855-4　C0036

伊藤康子
市川房枝　女性の一票で政治を変える　二八〇〇円

フォーラム 労働・社会政策・ジェンダー編
働くこととフェミニズム　竹中恵美子に学ぶ　三〇〇〇円

竹中恵美子・関西女の労働問題研究会著
竹中恵美子の 女性労働研究50年　理論と運動の交流はどう紡がれたか　二三〇〇円

折井美耶子・女性の歴史研究会編著
新婦人協会の研究　三五〇〇円

児玉勝子
十六年の春秋　婦選獲得同盟の歩み　二〇〇〇円

児玉勝子
信濃路の出会い　婦選運動覚え書　一四〇〇円

奥むめお
野火あかあかと　奥むめお自伝　一六〇〇円

古庄ゆき子編
野上彌生子　大分県先哲叢書　一九〇〇円

日本婦人問題資料集成　全10巻
編集・解説　市川房枝・赤松良子・三井為友・湯沢雍彦・一番ヶ瀬康子・丸岡秀子・山口美代子
1人権　2政治　3労働　4教育　5家族制度　6保健・福祉　7生活　各巻九〇〇〇～一三〇〇〇円
8思潮（上）　9思潮（下）　10近代日本婦人問題年表　セット合計一二五〇〇〇円

＊表示価格は、すべて本体価格です。